CANTON DE LURCY

GRÉGOIRE

MOULINS

LIBRAIRIE HISTORIQUE DU BOURBONNAIS

L'ANCIEN CANTON DE LURCY

DÉPARTEMENT DE L'ALLIER

L'ANCIEN

CANTON DE LURCY

LURCY, COULEUVRE, POUZY, LIMOISE

De 1789 à l'an VIII

PAR

C. GRÉGOIRE

MOULINS

LIBRAIRIE HISTORIQUE DU BOURBONNAIS

H. DUROND, rue François-Péron

1894

L'ancien Canton de Lurcy.

Elections municipales de 1790. — Délibérations du corps municipal de Lurcy et de l'administration cantonale. — Notices biographiques sur divers personnages.

Il eût été intéressant de commencer cette monographie en indiquant quelle était, au moment de la Révolution, la situation agricole, commerciale et industrielle des quatre paroisses — Lurcy, Limoise, Couleuvre et Pouzy — qui devaient être désignées pour former le canton de Lurcy.

Les renseignements nous ont manqué pour faire cet exposé.

Nous ne connaissons qu'un document relativement ancien donnant une situation des quatre communes au point de vue dont nous venons de parler. C'est une délibération ou plutôt une pétition rédigée en 1811 par les maires et adjoints (1) de Lurcy, Couleuvre et Pouzy dans les circonstances suivantes :

Le Gouvernement était dans l'intention de réduire le

---

(1) Lurcy, Dupoux maire et Morand adjoint. — Couleuvre, Gardien maire et Garandeau adjoint. — Pouzy, Chassery maire et Chauveau adjoint.

nombre beaucoup trop grand des cantons de l'Allier ;
celui du Veurdre était une des circonscriptions menacées.
Douyet, maire du Veurdre, membre du Conseil général,
avait tout préparé depuis 4 ou 5 ans, pour défendre son
pays. Il avait présenté « dans l'ombre et avec art, tous
« les moyens que l'intérêt particulier peut créer sous de
« spécieux motifs d'intérêts généraux (1) ».

Douyet obtint du Conseil général un avis concluant
au transfert au Veurdre, du siège de la Justice de paix
de Lurcy.

Les ministres de la Justice et de l'Intérieur reçurent
alors la protestation des maires et adjoints des trois
communes ; nous en résumerons les principaux passages,
ceux qui établissent pour l'importance locale, une compa-
raison entre les communes du canton.

« Lurcy.— Elle est la commune la plus considérable du
« département de l'Allier, après les quatre chefs-lieux
« d'arrondissement et six autres chefs-lieux de canton.
« Elle offre une étendue d'un miriamètre et demi de
« long sur un de large. Sa population est de 2422 habi-
« tants formant près du tiers de celle du canton.

« Elle a dans son territoire 63 domaines, 133 loca-
« teries ou loges et habitations qui en partie sont
« éloignés d'un quart ou d'un demi miriamètre.

« Elle a de tout temps été le siège d'une Justice. En
« 1726, il y avait un duché-pairie composé de 7 Juges,
« qui fut depuis changé en châtellenie d'où ressortissaient
« douze communes.

« Il s'y tient annuellement 13 grandes foires renom-
« mées surtout pour le négoce des bestiaux destinés à
« approvisionner Paris, Lyon, Moulins, Nevers et autres
« villes de l'Empire, et deux nombreuses assemblées

---

(1) Passage de la pétition du 23 novembre 1811.

« dites loues ou apports pour les domestiques de tous
« genres.

« Il s'y tient aussy tous les lundis de chaque semaine
« d'excellents marchés où les habitants des trois quarts
« des communes du canton et ceux des cantons voisins
« viennent vendre leurs denrées et le produit de leur
« industrie.

« Lurcy en un mot est la commune la plus commer-
« çante de tout le département : aussi compte-t-elle,
« au chef-lieu seulement, vingt auberges ou cabarets,
« quatre cafés, plusieurs marchands drapiers ou épiciers
« et trois débitants de tabac.

« Lurcy a aussi l'avantage d'avoir à sa disposition un
« palais de Justice qui pourrait recevoir un tribunal de
« première instance ; elle a deux notaires et deux huis-
« siers.

« Elle a enfin une belle manufacture de porcelaine qui
« peut être remise en activité de suite et quatre manu-
« factures de potteries renommées par leurs qualités,
« qui entretiennent les départements de l'Allier, du
« Cher et de la Nièvre. »

. . . .

« Couleuvre offre trois belles foires où se fait le plus
« grand commerce de bestiaux dont partie sont dirigés
« sur Lyon, Paris et Orléans. Ce bourg a 1284 habitants.

« Pouzy est remarquable par la fertilité de son sol.
« elle coopère beaucoup à l'approvisionnement du mar-
« ché de Lurcy, surtout en blés : de plus elle va avoir
« une forge et un haut fourneau qui augmenteront consi-
« dérablement ses relations commerciales avec Lurcy
« et le département. Cette commune a 808 habitants.

« Neure — 260 âmes — réunie à Lurcy pour le
« spirituel, doit désirer voir le chef-lieu maintenu dans
« cette ville.

« Le Veurdre, au contraire, n'offre qu'une population

« de 809 habitants. Elle n'a d'autre branche de commerce
« que celle du port qui n'est autre chose qu'un rendez-
« vous de marchands de bois, les 4 août et 14 octobre
« de chaque année seulement.

« Des 7 foires qu'elle a annuellement, il n'y en a que
« 3 qui en méritent le nom, les autres ne sont que dans
« l'almanach.

« Château — petite commune. — » La pétition ne dit
rien de Limoise et de Couzon que la question n'inté-
resse guère, les bourgs de Lurcy et du Veurdre étant à
peu près à la même distance de ces deux petites
communes. Elle termine en parlant des deux notaires
« qui font six cents actes par an et des huissiers qui en
« font davantage.

« Les habitants du Veurdre ont fait valoir le com-
« merce de leur port : il n'existe qu'en très-petite partie
« sur son territoire, attendu que les alluvions de l'Allier
« ont forcé la commune de transférer ses dépôts de bois
« et de fers sur le territoire de Château en deçà de la
« Bieudre. »

L'avis du Conseil général avait parlé de la mésintel-
ligence et des discussions qui régnaient au chef-lieu.

La pétition déclare que M. « Douyet a mal renseigné
« l'assemblée ; il n'y a pas de pays où comme à Lurcy,
« les autorités sont plus d'accord et plus en harmonie,
« ayant la même tendance au bien général et le même
« dévouement à leur souverain. Le Juge de paix n'habi-
« tait pas Lurcy continuellement ; il vient de se fixer
« définitivement au bourg (1) ».

Il ne faudrait pas admettre comme absolument exactes
toutes les considérations développées dans la protestation, et en accepter toutes les appréciations ; la lutte

---

(1) Le Juge de paix avait fixé sa résidence au Veurdre, le jour où
les maires et adjoints rédigeaient leur pétition.

que Lurcy engageait contre le Veurdre et le protecteur
de cette localité était sérieuse, le succès était douteux ;
il fallait évidemment que Lurcy exagérât sa situation et
cherchât à diminuer celle de son adversaire.

Il est certain notamment que les partisans de Lurcy
ne disaient pas la vérité lorsqu'ils parlaient du peu
d'importance des foires du Veurdre et du port de cette
commune, dans lequel avait lieu journellement un mou-
vement considérable, soit pour les marchandises arrivant
par les bateaux, soit pour celles qui y étaient em-
barquées.

Cette réserve faite, nous reproduisons, à défaut de
renseignements de l'époque, ceux donnés par la pétition,
pour voir quelle pouvait être la situation du canton de
Lurcy à la fin du siècle dernier. Ajoutons toutefois qu'une
note de l'administration cantonale de Lurcy, remontant
probablement à la fin de l'an VI, fait un assez triste
tableau du pays couvert de bois (1) entourant d'immenses
champs de bruyères et de genêts. De tous côtés se
trouvaient de grands étangs, entre autres les trois étangs
de Neureux, ceux des Bruyères, de Bibliant, de Buis-

---

(1) L'étendue de ces bois permit à M. de Sinéty de créer sa
verrerie de Champroux et sa manufacture de porcelaine de Lévy.
« La verrerie de Champroux est en activité, elle appartient au
« citoyen Sinéti. La cendre, le sable se trouvent dans le pays, la
« terre de la Bouchatte pour les creuzets, et la soude vient des
« Pays-Bas, le combustible vient des forêts du propriétaire. Le
« citoyen Huart en est le directeur, on y fabrique annuellement
« 400,000 bouteilles et on y consomme 2,000 cordes de bois. (Ta-
« bleau du département de l'Allier, en l'an IX ».

Nous n'avons pas de renseignements bien précis sur la manufacture de porcelaine de Lévy qui n'eut jamais une grande activité.
Elle fut probablement organisée par M. de Sinéty en l'an II, pour
augmenter sa popularité et se créer des protecteurs dans la classe
ouvrière.

sonnière, de Magnoux, de Ilo, les étangs neufs, ceux de Làro, de la Vallée, de la Chaussée.

De 1798 à 1811, l'état du pays ne s'était guère modifié ; les luttes politiques avaient arrêté le commerce, les guerres avaient enlevé à l'agriculture ses bras les plus vigoureux, et les communications n'ayant pas été améliorées étaient restées des plus difficiles, car, dans l'Allier, sauf la route de Paris à Lyon, les grandes voies n'étaient qu'ébauchées ; quant aux petits chemins de commune à commune, ils étaient impraticables pendant six mois de l'année. Il faut arriver en 1838 et 1840, pour trouver le point de départ des premières améliorations apportées à la petite vicinalité.

En 1789, la population des quatre paroisses qui allaient être réunies pour former le canton, était de 4358 habitants :

Lurcy...................	2047
Couleuvre................	1250
Pouzy...................	830
Limoise.................	231

Lurcy-Lévy (1) Couleuvre, Limoise et Pouzy, étaient alors, ainsi que les autres paroisses du Bourbonnais, administrées par une assemblée municipale organisée conformément au règlement royal du 14 juillet 1788 ; Lurcy-Lévy avait un syndic, six membres élus et les deux membres de droit, le seigneur et le curé. Il n'y a aucune trace des administrations des trois autres paroisses.

L'assemblée de Lurcy fut remplacée par le Conseil

<hr>

(1 En 1793, Lurcy reprit son ancien nom de Lurcy-le-Sauvage et le garda jusqu'en octobre 1815, époque à laquelle il redevint Lurcy-Lévy. Quelques lettres visées dans les registres du Directoire du district portent Lurcy-sur-Anduise.

général de la commune prévu par le décret du 14 décembre 1789 (1).

L'élection eut lieu le 7 juin 1790, dans l'église de Lurcy, après une convocation faite au prône de la messe, huit jours avant la réunion des électeurs et un appel au son de la cloche, le matin du vote.

Les plus âgés, Gillet, curé de Lurcy, Rousseau et Subert prirent place au bureau, comme scrutateurs provisoires chargés du dépouillement des billets de vote pour la nomination du bureau définitif : un président, trois scrutateurs et un secrétaire.

170 électeurs étaient présents (2).

(1) Décret du 14 novembre 1789. — Pour les communes du canton de Lurcy, un maire, un procureur, cinq officiers municipaux composent le corps municipal, plus douze notables. La réunion du corps municipal et des notables formait le Conseil général de la commune. Ce Conseil nommait un secrétaire-greffier. Le corps municipal s'assemblait au moins une fois par mois : ses attributions propres comprenaient les objets suivants :

Régie des biens et revenus de la Communauté, règlement et paiement des dépenses locales, travaux publics à la charge de la Communauté, police municipale. Par délégation de l'Administration générale, le corps municipal avait la répartition des contributions directes, la perception de l'impôt, la direction des travaux publics, la conservation des propriétés publiques.

Le Conseil général était appelé toutes les fois que l'Administration municipale le jugeait utile ; sa convocation était obligatoire pour acquisitions, aliénations, emprunts, travaux à entreprendre, procès.

(2) Une déchirure a été faite au bas de la page du procès-verbal, à l'endroit où était indiqué le nombre des électeurs absents ; il en résulte qu'il est impossible d'avoir le nombre des électeurs de la commune. Les électeurs, les citoyens actifs, devaient remplir les conditions suivantes : 1° être français ou devenus français ; 2° être âgés de 25 ans accomplis ; 3° être domiciliés de fait dans le canton depuis au moins un an ; 4° payer une contribution d'une valeur de trois journées de travail ; 5° n'être point en état de domesticité, c'est-à-dire de serviteurs à gages. (Décret du 22 décembre 1789 — Janvier 1790).

Le curé Gillet fut choisi comme président par 117 voix ; Lafond, Subert et Rousseau furent scrutateurs. Roumerchène eut les fonctions de secrétaire. Ils prêtèrent le serment de s'acquitter de leur charge en leur âme et conscience.

Le scrutin fut ensuite ouvert pour l'élection du maire, du procureur, de cinq officiers municipaux et de douze notables. Il donna les résultats suivants :

Maire, le curé Gillet, 136 voix ;

Procureur, le notaire Ferreyrol, 86 voix ;

Officiers municipaux, Duron et Bouchicot, marchand, 64 voix ;

Dupoux, 63 ;

Giraudeau, 62 ;

Trotet, boulanger, 61 ;

Notables, Thomas Ligodant, Pétillon, Subert, Tixier, Thévenin, Raby, Quinaud, Robin, Bernard, Baunière, Avignon, Marcon, par 61 voix.

Le maire, le procureur, les officiers municipaux signèrent le procès-verbal. Les notables, sauf Bernard, Quinaud et Subert, déclarèrent ne le savoir.

Le corps municipal et le Conseil général de la commune entrèrent immédiatement en fonctions.

Les premières mesures prises par le corps municipal eurent pour objet des règlements de police : taxe du pain, défense de prendre du sable au pied des murs du cimetière, fixation des heures auxquelles les revendeurs pourraient acheter aux marchés, défense (1) aux cabaretiers de donner à boire et à manger pendant les offices. défense de jouer les dimanches et jours de fêtes, surtout

---

« (1) Dans les cabarets, plusieurs personnes passoient le temps des offices à boire et à manger et les cabaretiers favorisoient leurs débauches, au mépris de la religion et des devoirs qu'elle impose. » (Délibération du corps municipal, 18 mars 1790).

pendant l'office (1). Ces interdictions n'étaient pas nouvelles, car elles existaient en 1786.

Elles étaient sans doute inobservées depuis quelque temps, et le curé-maire n'était pas fâché d'essayer de les faire remettre en vigueur.

Le curé-maire fit également interdire « de faire lors « des baptêmes des décharges de fusils et autres armes « à feu qui pourroient occasionner aux enfants des com- « motions qui leur seroient préjudiciables ».

D'autres mesures furent plus justifiées, celles défendant de détruire les haies et clôtures des champs et jardins, de passer dans les récoltes en chassant ou en pêchant, de porter du feu de maison en maison autrement que dans des vases clos (2)

Deux commissaires, Bertrand, menuisier, et Bazin, tailleur, furent chargés de l'exécution des décisions.

Ces premiers règlements ne tardèrent pas à être mis de côté, lorsque les administrations locales se trouvèrent aux prises avec les difficultés résultant de la disette, lorsque tout leur temps fut nécessaire pour l'assiette et le recouvrement de l'impôt, le recrutement de l'armée et les réquisitions. Un fait montre que, trois mois après les règlements arrêtés, la municipalité n'avait pas d'autorité : le 2 juin 1790, un sieur Serre s'empara de force du tambour de la commune, s'en servit pour faire des attroupements, troubler le repos public et refusa de le rendre au préconiseur « en sorte que la population fut « privée de l'instrument à faire les à-savoir. On les fit

----

1) « Un abus commis par les jeunes gens qui passent des jours entiers de fêtes et de dimanches à jouer et la plupart font des pertes qui leur sont préjudiciables. » — Même délibération.)

(2) Beaucoup de maisons étant couvertes en chaume, cette défense était très utile pour éviter les incendies. Les anciens règlements locaux l'avaient prévue.

« avec une pelle ». (1) En ce qui concerne l'impôt, les municipalités du canton montrèrent réellement beaucoup de dévouement et d'intelligence ; la perception fut menée aussi rapidement que le permettait la situation du pays, et un contrôle sérieux fut exercé sur la gestion des citoyens qui se rendaient adjudicataires du recouvrement des rôles.

Il nous est impossible de donner pour Limoise, Couleuvre et Pouzy, des renseignements complets sur les municipalités créées conformément au décret du 26 décembre 1789 ; aucun registre n'a été conservé dans les mairies. Nous ne connaissons, en ce qui les concerne, que les faits consignés sur les registres de l'administration cantonale, après la constitution de l'an III.

A la suite de la délibération du 7 février 1790 et des décisions administratives citées plus haut, on lit, sur le registre de Lurcy, le procès-verbal de l'élection des six délégués du canton, qui devaient se présenter au Donjon, le 27 septembre 1792, pour nommer les députés de l'Allier à la Convention nationale.

Les citoyens de Lurcy, Couleuvre, Pouzy et Limoise, âgés de 21 ans (2), étaient au nombre de 160. Ils se réunirent dans l'église de Lurcy, le 26 août 1792.

Le bureau provisoire fut composé des plus âgés, du curé Gillet, président, de Barbarin, curé de Couleuvre, de Lafond et Subert, scrutateurs, de Ferreyrol, secrétaire. Ils prêtèrent le serment de maintenir la liberté,

---

(1) Note de M. A. Fourneris.

(2) Les distinctions de citoyens actifs et passifs avaient été supprimées : Tout français âgé de 21 ans accomplis, domicilié sur la localité depuis un an au moins, et vivant du produit de son travail, pouvait voter dans les assemblées de communes et dans les assemblées cantonales. Pour être électeur ou représentant, il fallait avoir 25 ans au moins.

l'égalité, ou de mourir en les défendant. Les mêmes personnes, sauf Ferreyrol qui fut remplacé par Dupoux, formèrent le bureau définitif.

L'assemblée délégua Dupoux Charles, Lafond, Lavilatte, Borde, Subert et le curé Barbarin, par 95, 75, 50, 48, 44 et 39 voix.

Trois délégués étaient de Lurcy, Dupoux, Lafond et Subert ; un de Limoise, Lavilatte ; un de Pouzy, Borde ; un de Couleuvre, le curé Barbarin.

Nous donnerons d'autres actes du corps municipal et du Conseil général de Lurcy dans les chapitres suivants. Mais notre relevé présentera des lacunes à cause de la disparition de deux registres. Cette perte est regrettable car elle nous prive non seulement de renseignements sur Lurcy, mais aussi sur Limoise, Couleuvre et Pouzy, dont l'administration fut centralisée au canton à partir de l'exécution du décret du 22 août 1795, plus connue sous le titre de constitution de l'an III (1).

Nous espérons toutefois avoir réussi, à l'aide des registres des directoires du département, du district et ceux de l'administration centrale, à ne pas laisser dans l'oubli quelques faits réellement importants.

L'organisation municipale, créée par la constitution de l'an III, exista jusqu'à la loi du 28 pluviôse an VIII, qui

---

(1) Pour expliquer au point de vue de l'administration communale les modifications apportées par le décret du 22 août 1795, il suffit de reproduire les articles suivants de ce décret :

Art. 179. — Il y a, dans chaque commune dont la population est inférieure à 5,000 habitants, un agent municipal et un adjoint.

Art. 180. — La réunion des agents municipaux de chaque commune forme la municipalité du canton.

Art. 181. — Il y a de plus un président de l'administration municipale choisi dans tout le canton.

Art. 191. — Le directoire exécutif nomme auprès de chaque administration municipale, un commissaire. Il surveille et requiert l'exécution des lois.

établit partout des maires, adjoints et conseillers municipaux, en donnant, suivant le chiffre de la population, leur nomination au gouvernement ou aux préfets.

Avant de terminer cette première partie de notre travail, nous ferons une liste des hommes qui ont joué un rôle dans le canton pendant la période révolutionnaire.

Dans la circonscription cantonale de Lurcy, il y avait, en 1789, deux familles nobles, les Sinéty et les Bosredon. Ces derniers émigrèrent et leurs domaines furent vendus au profit de la nation, mais en l'an VIII seulement (1). Cette aliénation tardive fut certainement obtenue par ceux qui étaient fermiers des biens, et qui désiraient jouir le plus longtemps possible de baux avantageux.

Sinéty resta dans le pays, mais comme nous le verrons plus loin, il s'abstint avec soin de faire parler de lui.

Les citoyens auxquels les électeurs du canton confièrent un mandat, en 1790, et pendant les années suivantes, étaient en grande majorité des petits marchands, des aubergistes, des fermiers et cultivateurs ; comme ils n'avaient pas l'instruction nécessaire pour remplir les fonctions importantes de maire, de procureur, de secrécrétaire-greffier, ils s'adjoignirent quelques bourgeois, notamment les curés Gillet et Barbarin, les notaires Ferreyrol, Lafond et Serre, le directeur de la verrerie de Champroux, Huart de l'Enclos. Ce furent, en définitive, ces hommes qui dirigèrent réellement les affaires.

Le premier maire de Lurcy (2) fut le curé GILLET ; il

---

(1) *Le Bourbonnais sous la Révolution*, par le Dʳ Cornillon, t. II.

(2) Nous devons une partie de ces notices à l'obligeance de M. Fourneris, de Lurcy, qui les a préparées pour faire un tableau des maires, placé dans la salle des séances du Conseil municipal. M. Fourneris nous a également fourni beaucoup d'autres renseignements et nous lui en témoignons notre reconnaissance.

cessa ces fonctions en 1792, mais il continua pendant quelque temps à tenir les registres de l'état civil.

Gillet eut pour successeur BOUCHICOT Claude, marchand originaire de Cérilly, qui était venu s'établir à Lurcy quelques années avant la Révolution. Il appartenait à cette famille d'industriels qui a donné son nom à une espèce de gros drap se fabriquant à Cérilly, Ainay et Lurcy.

Bouchicot fut maire et agent jusqu'en prairial an IV.

Lafond Pierre, né à Lurcy le 30 septembre 1734, notaire public, nommé juge de paix le 9 thermidor an IV. Lafond renonça alors aux fonctions de notaire, se réservant de les reprendre lorsqu'il cesserait d'être juge. Il succéda à Bouchicot, en prairial an IV, comme agent de Lurcy. En nivôse an VII, il fut commissaire du Pouvoir exécutif près l'administration municipale du canton. En vendémiaire an VII, il devint président de cette administration. Il mourut à Lurcy le 25 juin 1815.

HUART DE L'ENCLOS Nicolas-Alexandre-René, directeur, en 1791, de la verrerie de Champroux, appartenant au marquis de Sinéty : président de l'administration du canton, de prairial an IV à floréal an V. A cette date, il fut nommé commissaire du Pouvoir exécutif ; révoqué le 22 brumaire an VI, il fut de nouveau nommé en floréal an VII ; il refusa à cause de ses occupations.

FERREYROL Pierre, notaire public à Lurcy au moment de la Révolution, procureur de la commune le 7 février 1790, juge de paix, président de l'administration cantonale le 9 floréal an V, cessa le 7 brumaire an VI, pour prendre les fonctions rétribuées de secrétaire de l'administration ; commissaire du pouvoir exécutif le 25 messidor an VII ; président de l'administration en mai 1800 ; maire en juillet suivant.

DUPOUX Charles, originaire de Mornay, vint s'établir marchand à Lurcy vers 1772, et y épousa, le 3 février 1774, Anne Bonneau ; juge de paix en fructidor an II, président de l'administration municipale en brumaire an VI, adjoint au maire en 1800, maire en 1805, acclame avec le même enthousiasme la République, le Premier Consul, l'Empire et Louis XVIII.

ARLAUD Alexandre, chirurgien, originaire de Montmarault, agent de la commune de Lurcy, président de l'administration municipale le 27 nivôse an VII, mort le 30 vendémiaire suivant.

CAQUIN Pierre-Claude, huissier, greffier-secrétaire de l'administration ; président de cette administration du 2 floréal an VII, au 14 prairial an VIII, époque à laquelle il donna sa démission pour devenir porteur de contraintes.

SUBERT Claude, procureur de la commune en juin 1793 (nous croyons que c'est ce Subert qui partit pour le service militaire en 1794, et revint, en l'an VI, avec un congé de sous-officier de la 70ᵉ demi-brigade).

BERRIER, commissaire du Pouvoir exécutif au 9 floréal an V.

BERNARD, procureur de la commune de 1792 au 30 juin 1793.

SERRE Pierre, notaire public à Couleuvre, maire de cette commune en 1792, adjoint à l'agent de Couleuvre en l'an III ; commissaire du Pouvoir exécutif le 6 brumaire an VI.

TROTET Jean, boulanger, adjoint à l'agent de Lurcy en l'an V.

ROUMERCHÈNE Paul, principal du collège de Lurcy en

1789 ; secrétaire-greffier du 7 février 1790 à germinal an IV.

ECHEL Claude, ministre du culte catholique, né à Lurcy en 1749, fils d'Antoine Echel et de Marguerite Subert, diacre à Lurcy en 1774, vicaire en 1779, curé de Limoise en 1781 ; secrétaire-greffier de germinal an IV à brumaire an VI ; mort à Lurcy le 16 messidor an VII.

CHENU, ancien officier de santé attaché à la 8ᵉ demi-brigade d'infanterie de ligne, armée du Nord, secrétaire-greffier du 26 messidor an VII à la fin de l'an VIII, remplit les fonctions de receveur de l'administration.

BÉRAUD Balthazard, successivement garde champêtre, greffier du juge de paix, porteur de contraintes, révoqué « pour insouciance dans l'exercice de ses fonctions ».

GARNIER Philippe, perruquier, beau-frère du curé Gillet, remplit les fonctions de porteur de contraintes.

AUPY fils, commis du secrétaire de l'administration.

FERREYROL fils, directeur de la poste aux lettres.

BOUILLE, agent de la commune de Limoise.

MAUGARS, agent de Couleuvre.

BORDE, agent de Pouzy.

DELAGENESTE, agent de Limoise, le 11 germinal an V, suspendu pour incivisme le 13 brumaire an VI, « ten-« dances naturelles au retour de l'ancien régime et à « l'avilissement des institutions républicaines ».

LENOIR, adjoint à l'agent de Coleuvre.

PETITJEAN, adjoint à l'agent de Couleuvre.

TIXIER, adjoint à l'agent de Pouzy.

GUILHAUMIN, adjoint à l'agent de Pouzy.

BOYER François-Tête, commandant de la Garde natio-nale, receveur des droits d'enregistrement du canton.

André-Louis-Marie de Sinéty, marquis de Lurcy-Lévy.

Après avoir cité tous les élus auxquels le canton de Lurcy confia un mandat, après avoir rappelé les noms et les fonctions que remplirent modestement et utilement ces bons citoyens, il nous paraît intéressant de parler du seigneur du pays, de le montrer traversant toute la période révolutionnaire, tranquille dans son château de Neureux, conservant intacts ses immenses domaines.

C'est un de ces faits curieux et inédits que fournissent souvent les documents des archives communales.

Ce seigneur s'appelait André-Louis-Marie de Sinéty. Il était un des plus riches propriétaires fonciers du Bourbonnais, marquis de Lurcy-Lévy. seigneur de Couleuvre, de Franchesse, de Pouzy, de St-Plaisir, de Mézangy, de Neure, d'Augy, de Pouligny, de Blancs-Fossés, de Lavault, de Mazières, de Bouquetereau, d'Avreuil, de la Prugne, de Plaisance, de Neureux, de Génetais, de la Vallée, baron de Champeroux et de Montverin (1).

André-Louis-Marie de Sinéty était le fils d'André de Sinéty. maréchal de camp, chevalier de St-Louis, commandeur de l'ordre de St-Lazare, sous-gouverneur des Enfants-de-France, présenté au roi, le 6 octobre 1760. et de Marie-Anne de Ravenel. La terre de Lurcy-Lévis

---

(1) *Armorial du Bourbonnais.*

que André de Sinéty avait achetée en 1761, fut érigée en marquisat en sa faveur, par lettres patentes d'août 1770 (1), eu égard à son ancienne noblesse, aux services de ses ancêtres et aux siens. Les armoiries de Sinéty étaient *d'azur au cygne d'argent ayant le col passé dans une couronne à l'antique, de gueules.*

André de Sinéty n'était pas seulement sous-gouverneur des enfants de France ; il avait également la charge de premier maître d'hôtel du comte de Provence.

André de Sinéty eut aussi une fille, Marie-Gabrielle, qui épousa Joseph-André Hippolyte, marquis de Gramont, fils unique du duc de Caderousse (2).

André-Louis-Marie de Sinéty succéda à son père dans la charge de premier maître d'hôtel de Monsieur. Il monta dans les carrosses du Roi le 20 avril 1772. Il avait à cette époque le grade de colonel et était chevalier de St-Louis. Il s'était marié en 1758 avec Antoinette-Louise-Candide de Brancas, petite-fille de Louis, duc de Villars-Brancas, présentée au Roi le 11 mars 1787. Il en eut trois enfants :

1° André-Louis-Marie-Théogène, né à Paris en 1789 (3).

2° André-Louis-Waldemar-Alphée, né à Lurcy, le 11 juillet 1791, et baptisé le 4 août suivant. Le parrain fut André-Louis-Esprit de Sinéty, ancien major de Royal-Navarre-Cavalerie, chevalier de St-Louis, député de Marseille à l'Assemblée nationale, représenté par Huart

---

(1) Les seigneuries de Lurcy-le-Sauvage, de Pouligny et de Champeroux avaient été érigées en duché-pairie pour la maison de Lévis ; cette pairie s'étant éteinte, Lurcy fut érigé en marquisat pour de Sinéty.

(2) *Nobiliaire des Bouches-du-Rhône,* de M. Gourdon de Genouillac 1863.

(3) Registres de l'état civil d'Aix (Bouches-du-Rhône), acte de décès du marquis de Sinéty, 8 novembre 1816.

de l'Enclos ; la marraine fut Marie-Louise de Lowendal, épouse de A.-B. de Brancas, représentée par Anne-Marie Greffoin, femme Aurange, régisseur du marquis (1).

Ce fils de Sinéty épousa Alexandrine-Marie-Joséphine de Brion de Marolle.

3° Armande-Gabrielle-Marie-Louise-Pauline-Sidonie Sinéty, née le 13 octobre 1792, au château de Neureux et baptisée le 20 octobre.

Les de Sinéty étaient originaires d'Italie. Les seigneurs de Lurcy appartenaient à la branche cadette de la famille ; la branche aînée habitait la Provence et compta au nombre des partisans les plus fanatiques des Bourbons. En 1815, un de ses membres équipa à ses frais plusieurs régiments de volontaires royalistes.

André-Louis-Marie de Sinéty avait sa principale résidence au château de Neureux. La tradition signale ce marquis comme le bienfaiteur du pays, mais nous avons cherché en vain par quels actes il avait pu mériter ce beau titre. Tout ce que nous savons, c'est que de Sinéty n'était pas un de ces seigneurs vivant continuellement à la cour, ne venant dans leurs terres que pour remplir leurs coffres. Il faisait de longs séjours dans son château; il s'intéressa à la population de Lurcy et des paroisses voisines, et leur donna de l'ouvrage, soit dans sa verrerie, soit dans les forêts qui fournissaient le combustible nécessaire à la fabrication.

De Sinéty semble avoir été indifférent aux premiers événements de la Révolution : se désintéressant de la réunion des Trois-Ordres, il ne se rendit pas à l'assem-

---

(1) Registres paroissiaux de Lurcy. Renseignements fournis par M. Fourneris. Le *Nobiliaire des Bouches-du-Rhône* ne donne qu'un fils au marquis de Sinéty.

blée de Moulins, et ne s'y fit pas représenter par pro-
curation (1).

La lettre suivante écrite par lui au corps municipal de
Lurcy-Lévy, le 16 mars 1790, à l'occasion de l'imposi-
tion à mettre sur les biens privilégiés, témoigne du libé-
ralisme de Sinéty et de l'intérêt qu'il portait aux habitants de la commune :

« Messieurs,

« J'ai pensé que les biens nobles devaient être imposés
de même que les autres sans distinction en plus ni en
moins...
....

« J'ai toujours cru mes intérêts liés avec les vôtres et
l'on ne m'a point suggéré de mécontentement contre la
paroisse de Lurcy. J'avouerai cependant avec ma fran-
chise ordinaire que j'aurais désiré que les habitants eussent
marqué dans une occasion récente où mes propriétés ont
été menacées ces sentiments patriotiques qui réunissent
tous les bons citoyens contre les projets désastreux et
criminels et que vous eussiez joint vos secours à ceux que
les milices des villes voisines ont bien voulues m'offrir et
que la sûreté publique réclament. C'est surtout à la
paroisse de Lurcy que j'aurais désiré d'avoir cette obliga-
tion particulière afin d'augmenter encore l'attachement
que j'ai pour ses habitants et que j'aime à leur témoigner.

« J'ai l'honneur d'être avec la plus sincère considéra-
tion, Messieurs, votre très humble et très obéissant

Marquis DE SINÉTY.

Sinéty était à Paris lorsqu'il écrivit cette lettre. Il vint
se fixer à Neureux, avec sa famille et ses domestiques,
vers la fin de 1792. Le 14 mai 1793, il présenta au maire

---

(1) *Le Bourbonnais sous la Révolution*, par J. Cornillon, t. Ier.

de Lurcy un certificat du directoire du district de Cérilly, constatant qu'il avait toujours fait preuve de civisme et de soumission aux lois, qu'il était autorisé à résider à Lurcy sous la surveillance de la municipalité, du Conseil général de la commune et de la Garde nationale. Il pouvait aller et venir sous la même surveillance, dans les lieux de ses établissements situés dans le canton.

Le corps municipal ratifia ces autorisations avec cette seule réserve que Sinéty ne pourrait coucher en dehors de la commune sans permission.

Sinéty ne manqua pas de se servir de sa grande fortune pour conserver la protection que lui donnaient les autorités, pour être bien vu de la population. On ne lui fit aucune tracasserie ; son nom, ses antécédents furent oubliés.

Le 3 septembre, on lui rendit les diverses armes qu'il avait dû déposer à la mairie de Lurcy, le 16 avril précédent. Mais, en octobre suivant, il fut sérieusement menacé (1) : Chevalier, membre du Conseil du surveillance de St-Pierre-le-Moûtier, et Jarouflet, administrateur de ce district, demandèrent au Conseil de surveillance de Moulins de faire arrêter Sinéty, prévenu d'avoir pris à Paris et conduit à Neureux et à Lévis toute l'argenterie du frère du tyran et d'être suspect et dangereux à raison de sa fortune immense et de ses relations présumées avec les ennemis de la République. Le comité délégua aussitôt Tortel pour aller avec vingt hommes chercher Sinéty et son argenterie.

Le 28 octobre, Tortel fit son rapport ; il avait trouvé fort peu d'argenterie et seulement 5,500 livres en assignats qui furent versés à la caisse des impositions.

Bien que la dénonciation de Chevalier et de Jarouflet eût attiré l'attention des autorités sur le ci-devant mar-

---

(1) L. Audiat. *La Terreur en Bourbonnais*, tome II, pages 339-340.

quis, Sinéty fut de nouveau oublié. Alors que les nobles qui n'avaient pas émigré étaient, les uns placés sous une surveillance rigoureuse, les autres déclarés suspects, internés dans les villes, jetés en prison ou traduits devant les tribunaux, Sinéty resta tranquille dans son château, conservant ses immenses propriétés, les augmentant même en achetant des biens nationaux, terres des Augustins de Lorette, domaine de Fessebois et vigne des Emeraudes (50,000 fr.) (1).

Il échappa aux taxes révolutionnaires et n'eut à contribuer à l'emprunt patriotique que pour une somme peu importante pour sa situation. Quels étaient donc les puissants personnages qui le couvraient de leur protection ?

On ne parlait de Sinéty que pour constater son séjour dans la commune, son civisme, les services qu'il rendait. Il avait créé, en l'an II, une manufacture de porcelaine. La direction en était confiée au citoyen Deruelle, un ferme républicain, influent dans le pays. Sinéty avait également pour lui le directeur de la verrerie de Champroux, Huart de l'Enclos.

Sous le Directoire, Sinéty commença à sortir de sa retraite, à aller à Paris, à s'occuper ouvertement de ses affaires. Il vendit même quelques immeubles dont la propriété pouvait lui être contestée par la commune : la halle de Lurcy, l'ancien hôpital, la chapelle de Mésamblin ; il poursuivit des anticipations faites sur ses terres. Ces mesures soulevèrent de vives réclamations, mais Sinéty passa outre, il n'avait plus de danger à craindre. Il séjourna, tantôt à Neureux, tantôt à Paris. Au commencement de l'Empire, il alla se fixer dans la capitale, chez son neveu, le comte de Gramont, chambellan de l'Empereur, attaché à son état-major.

---

(1) Registres du directoire du district de Cérilly. *Le Bourbonnais sous la Révolution*, tome 1er, page 362.

En 1809, Sinéty revint à Lurcy, fut nommé membre du Conseil municipal et du Conseil général, et Lieutenant de louveterie de l'Allier.

Au retour des Bourbons, il reprit son titre de marquis et fut nommé Maréchal de camp honoraire des armées du roi.

En novembre 1814, il offrit à la Garde nationale de Lurcy un drapeau pour remplacer le drapeau tricolore donné par lui à la commune, en 1791, « qui n'avait « plus les couleurs et les attributs aujourd'hui en usage. « Il remit le nouvel étendard, superbe pièce rapportée « de Paris, » aux gardes nationaux réunis dans la cour du château de Neureux. Il leur fit jurer de mourir en le défendant, en défendant le roi, sa famille, les propriétés, la tranquillité, dont ils jouissaient depuis le retour de leur souverain légitime.

Le curé Caillot bénit drapeau, gardes nationaux et assistants et la cérémonie se termina aux cris de : Vive le Roi ! Vive M. de Sinéty !

Ils étaient bien oubliés, les serments de haine à la royauté, d'attachement à la République, si souvent entendus quelques années auparavant à Lurcy, dans le temple de la Raison et sur la place de la Liberté.

Maire de Lurcy le 5 mai 1820, le marquis démissionna en janvier 1824. Il mourut quelques années plus tard à Paris. Son fils aîné servit dans les armées impériales. En octobre 1816, il était à Lurcy, officier en non-activité. Il fut nommé, sous Louis XVIII, chef d'escadron aux dragons de la Garde. Il quitta le service comme colonel de cavalerie, chevalier de St-Louis, officier de la Légion d'honneur.

L'annuaire de l'Allier le signale, en 1819, comme habitant Lurcy.

Ce marquis de Sinéty, « dernier substitué au marqui-

« sat de Lurcy-Lévis (1), mourut à Aix (Bouches-du-
« Rhône) à l'âge de 57 ans, le 8 novembre 1846, ne lais-
« sant ni ascendants ni descendants auxquels une partie
« de ses biens fut réservée par la loi (2). Il légua par
son testament des 4-6 novembre 1846 :

1° Une somme de 15,000 fr. pour la fondation à l'hospice de Bourbon d'un lit destiné à recevoir pendant la
saison des eaux, des malades appartenant aux communes
de Lurcy, Neure, Couleuvre. Franchesse, St-Plaisir,
etc.

2° A l'église de Lurcy et à la fabrique, dix francs de
rente pour un anniversaire perpétuel.

Le marquis ne fut guère généreux pour ces communes
auxquelles son père devait tant de reconnaissance.

----

(1) Testament du marquis.
(2) Acte de notoriété dressé par M⁰ Béraud, notaire à Aix. le 5
février 1847.

A Lurcy, le manque de grains sur les marchés fut signalé dès le mois de mai 1790. Ce canton ne récoltait pas suffisamment de blé pour sa consommation et il lui fallait avoir recours à des communes du Cher : Sancoins, Dun-le-Roi, Bessay-le-Fromental.

Au commencement de mars 1790. la taxe du pain était à Lurcy :

> Pain mollet 3 sols 6 deniers.
> Pain jaune 3 » »
> Pain bis 2 » 3 »

Le 30 mars, le prix du pain augmenta :

> Pour le pain mollet, de 3 deniers.
> Pour le pain jaune, de 1 »
> Pour le pain bis, de 3 »

Le 10 mai, le marché de Lurcy ne put répondre aux demandes des habitants qui s'inquiétèrent de la situation ; excités par quelques meneurs auquels s'étaient joints des indigents (1), ils allèrent trouver le maire pour lui dire qu'il y avait, dans la commune. de grandes quantités de blé dans les greniers, mais qu'on refusait de les conduire au marché, que les détenteurs de grains, sachant que la récolte était mauvaise, ne voulaient pas diminuer leurs

---

(1) Lurcy avait 41 indigents, Couleuvre 31. Limoise 5. Pouzy 10. soit, pour le canton, 87.

provisions, qui étaient cependant bien supérieures à leurs besoins. Ils demandèrent une visite des greniers afin de constater ce qui pouvait être amené sur le marché. Le maire et les officiers municipaux visitèrent les greniers. Ils trouvèrent chez la veuve Echel, 250 mesures de seigle ; on en prit 200 pour être vendues aux marchés, au prix du cours.

Chez Duron fils, il n'y avait que 80 mesures de seigle, cette quantité fut jugée nécessaire pour son usage et celui de ses colons.

Dupoux n'avait que 60 mesures de seigle ou de froment pour lui et ses métayers.

Mêmes résultats chez Ferreyrol, Bernard et Subert.

Chez Lafond, il y avait 50 mesures de froment, 250 mesures de seigle. On l'autorisa à garder 50 mesures, et on l'invita à mener le reste aux marchés. On trouva dans deux autres maisons, chez Marmion et chez Boulier, 60 et 80 boisseaux. Ils les gardèrent.

Dans tous les autres greniers, il n'y avait que ce qui était indispensable pour attendre la moisson.

Ces perquisitions furent regrettables, car cédant à la demande de la foule, l'autorité avait violé le domicile des citoyens ; le maire et ses collègues auraient pu faire comprendre aux possesseurs de grains qu'ils devaient secourir leurs concitoyens en vendant leur superflu ; si cet appel n'avait pas été entendu, la réquisition eût été justifiée. Mais la visite domiciliaire, dans les conditions où elle eut lieu, était un acte de faiblesse qui devait amener des désordres ; c'est ce qui arriva.

Le 20 mai, à Sancoins, ville avec laquelle Lurcy avait des relations continuelles, 300 personnes, armées de bâtons, étaient entrées dans la ville, avaient enlevé les grains exposés sur le marché, en les payant bien au-dessous du cours ; elles avaient aussi forcé des greniers. Ces violences s'étaient également produites dans d'autres paroisses de la région.

Le 22 mai, à Lurcy, les meneurs de la journée du 10 mai suivirent l'exemple de leurs voisins. Après avoir recruté, de bon gré ou de force, une troupe de 150 personnes, armées de fourches et de bâtons, ils visitèrent les greniers, saisirent des grains, et se disant autorisés par le Corps municipal, fixèrent le prix du froment à 3 livres la mesure pesant 32 livres, qui valait cent sols, le seigle, à 40 sols la mesure, qui valait quatre livres. Ils volèrent du pain chez les boulangers. Ils pénétrèrent aussi dans l'église et brisèrent des bancs.

L'autorité municipale n'avait aucun moyen de réprimer ce désordre qui dura quatre ou cinq jours. Elle demanda du secours à Moulins, à Bourbon et à Sancoins. En attendant, elle fit une enquête qui établit que les chefs étaient les nommés Jacquenet Paul et Mandière ; elle constata ce fait très curieux, c'est que le dimanche les émeutiers cessèrent leurs violences pour entendre la messe. Après avoir visité les greniers de Lurcy, Jacquenet et ses acolytes allèrent faire des perquisitions dans les villages voisins. Un sieur Serre Louis, marchand huilier, s'était joint à eux, armé d'une grande hallebarde, dont il menaçait ceux qu'il rencontrait et qui ne voulaient pas marcher avec lui. Serre dit à un notable du bourg, Caquin, qu'il lui percerait le flanc ou qu'il l'étranglerait.

Le 5 juin, nouvelle effervescence ; les émeutiers cherchèrent Caquin, Sauvage et Bisonnier, « voulant couper le cou à ces jean-foutres ». Ils trouvèrent Caquin et le traînèrent dans le bourg.

Jacquenet fit publier, au son du tambour, une taxe du pain à 2 sols 6 deniers la livre ; Trottet, boulanger, ayant refusé d'accepter cette taxe, fut frappé.

Pendant que le désordre régnait dans la commune, le maire et le Corps municipal faisaient en vain appel aux bons citoyens pour organiser une garde nationale. Les bons citoyens avaient peur et restaient chez eux. Les marchés manquèrent de grains, et les habitants qui n'avaient pas pris part au pillage des greniers furent malheureux.

Le 13 juin, des commissaires furent envoyés à Ygrande pour acheter du blé.

Enfin, le 14 juin, la force armée depuis longtemps attendue, arriva à Lurcy. Elle se composait d'un détachement de cavalerie du régiment de Royal-Guyenne en garnison à Moulins, de deux cavaliers de la maréchaussée de Bourbon et de gardes nationaux de Sancoins. Jacquenet, Georgeon et Mandière furent arrêtés.

Le maire fixa une nouvelle taxe demandée par les boulangers qui, pendant les troubles, avaient dû se conformer à celle que leur avaient imposée les émeutiers. Le prix du pain mollet fut de 4 sols la livre ; celui du pain jaune, de 3 sols 3 deniers ; celui du pain bis, de 2 sols 6 deniers.

Les commissaires envoyés à Ygrande pour avoir des grains avaient acheté 436 mesures de seigle, à raison de 3 livres le boisseau (mesure Bourbon), 600 boisseaux de froment (même mesure), à raison de 3 livres 15 sols et 3 livres 14 sols le boisseau. Cette provision fut vendue sur le marché de Lurcy, avec une perte de 151 livres 15 sols 6 deniers, que paya la commune.

La récolte de 1790 fut bonne, car nous voyons deux diminutions successives du prix des grains et du pain : une nouvelle taxe fixa, en août, le pain mollet, à 3 sols 6 deniers ; le pain jaunet, à 2 sols 9 deniers ; le pain bis, à 2 sols. En septembre, la livre de pain mollet et de pain jaunet fut diminuée de 3 deniers, celle du pain bis, de 1 denier.

Nous n'avons pas les taxes de 1791.

En 1792, les prix étaient : pain mollet, 4 sols la livre,

pain jaunet, 3 sols 6 deniers, pain bis, 2 sols 6 deniers.

Ce sont les prix d'une mauvaise année, ceux de 1790.

La viande était chère ; le Corps municipal constata que les bœufs, vaches et veaux étaient hors de prix. Il y avait eu une épizootie très sérieuse. La taxe fixée sur la demande des bouchers fut, pour la livre de viande de bœuf ou de vache, 5 sols 6 deniers, pour le veau, 6 sols 6 deniers.

En 1792, le canton reçut un secours de 2,000 livres pour acheter des grains.

L'année suivante, même situation. Le 27 mai, le canton obtint un deuxième secours de 5,250 livres ; le recensement général indique que le canton n'avait pas pour trois mois de grains.

Le 17 juin 1793, troisième secours de 1,500 livres pour Lurcy, 1,800 pour Couleuvre, 300 pour Limoise et 800 pour Pouzy. Cette allocation fut la bienvenue : les greniers étaient vides. Le maire Dupoux et Trottet partirent pour faire des achats, mais il leur fut difficile de remplir promptement leur mission. Le département du Cher (1) mettait peu de bonne volonté à donner les grains que les réquisitions régulières lui réclamaient, discutait les quantités exigées, le prix. Les moyens de transport manquaient, et le mauvais état des chemins ne permettait pas de faire facilement et rapidement ce transport. L'autorisation des municipalités obtenue, les populations arrêtaient souvent les voitures. Un jour d'achat de grains, à Mézangy, 100 boisseaux de blé étaient vendus par le curé à son domaine de la Tuilerie ; on les chargeait dans les voitures, lorsque les gens du bourg refusèrent de les laisser partir.

D'un autre côté, des meuniers eurent en ce temps de

____

(1) Registre du directoire du district.

disette, l'audace de se livrer à la spéculation. Comme les grains acquis par l'administration étaient vendus à un taux au-dessous du cours, ces industriels firent acheter sur les marchés, par plusieurs personnes, des quantités de blé qu'ils revendaient en détail aux particuliers à un prix plus fort. Ils auraient mérité non le blâme qui leur fut adressé, mais un châtiment sévère.

Pour éviter ces achats irréguliers et préjudiciables à l'intérêt public, on établit un registre sur lequel toutes les ventes opérées sur les marchés furent inscrites avec le nom de l'acquéreur et la quantité. On vérifia de plus l'exactitude de la destination déclarée.

Grâce aux achats, aux mesures réglementaires, l'approvisionnement du canton fut assuré.

En décembre 1793, un arrivage important fut signalé par le port du Veurdre. Couleuvre eut 275 quintaux et Lurcy 250.

Au commencement de 1794, la situation fut mauvaise ; les marchés ne pouvaient suffire aux besoins, lorsque Lurcy et Couleuvre obtinrent, pour faire des achats, 15,000 et 10,000 livres sur un secours de 150,000 livres accordé au district de Cérilly. La récolte de 1794 fut bonne et celle de 1795 excellente. Les populations retrouvèrent le calme et la crainte de la disette cessa.

Clergé.

Le clergé du canton de Lurcy était composé de la manière suivante :

A Lurcy, Gillet Denis, curé de cette paroisse depuis quarante années. Il avait pour vicaire Coutan, chanoine du chapitre de Dun-le-Roi.

Gillet était né à Limoise en 1720 ; il mourut à Lurcy le 2 nivôse an VII, chez Garnier, perruquier, son beau-frère.

Le curé de Couleuvre était Barbarin ; celui de Limoise, Echel, et celui de Pouzy, Batissier.

Tous prêtèrent le serment exigé par le décret du 28 décembre 1790.

Nous n'avons des renseignements que sur le revenu de la cure de Lurcy, d'après une déclaration faite le 7 février 1790, par le curé Gillet.

Ce revenu comprenait :

Une dime dite de la cure..............	700 livres.
Un pré et une vigne affermés	36 »
La rente Hutin......................	8 »
Fondations.........................	16 »
Fondation du rosaire	6 »
Le moulin, les prés, jardin et chenevière du prieuré, affermés	350 »
Total	1,116 »

Le curé jouissait de plus d'un grand logement, avec

terres, pré Chezeaud, vigne de six œuvres, les terres de
la Garenne, de la Croix, de la Moisson, de l'étang des
Bruyères de la Forêt.

Le vicaire avait une dîme produisant 350 livres.

Deux autres dîmes étaient perçues sur le territoire de
Lurcy : l'une appartenait à l'abbé de Fontmorin, et était
affermée au curé Gillet, moyennant 600 livres par an,
l'autre était la propriété de l'abbesse de Charenton et
rapportait 90 livres.

L'église de Lurcy était pauvrement installée ; elle
manquait non seulement d'ornements mais aussi de linge,
car nous voyons, en juillet 1791, lors de la fermeture du
couvent de Notre-Dame de Lorette (1), la municipalité
de Lurcy, c'est-à-dire le curé Gillet, alors maire, faire
auprès du directoire du district de Cérilly des démarches
actives pour dépouiller à son profit l'établissement supprimé, et en avoir des vases, des ornements, du linge, le
tabernacle de l'église du couvent, et une statue de la
Vierge qui se trouvait au-dessus de la porte d'entrée de
Notre-Dame de Lorette. Le directoire donna seulement
à Lurcy deux vases et du linge. Le tabernacle « doré
sur plâtre, bois sculpté » et la vierge (2) furent remis à
l'église du Veurdre, pour répondre aux vœux de la population de cette commune.

Le curé Gillet assista à l'assemblée générale des trois
ordres, qui eut lieu à Moulins, le 16 mars 1789, pour la
rédaction des cahiers de doléances et la nomination des

---

(1) Couvent d'hommes situé à côté de Château-sur-Allier, sur un
coteau qui fait face au bourg. La façade de l'église, décorée de jolis
ornements assez bien conservés, est toujours debout, le reste de l'édi-
fice est en ruines. Comme nous l'avons dit dans un autre chapitre,
la fête de Notre-Dame de Lorette attirait une foule considérable :
elle durait deux ou trois jours.

(2) Registre du directoire du district (1791).

députés aux Etats-Généraux. Il fut un des 17 curés qui
protestèrent contre la nomination de Salemard de Mont-
ford, supérieur de l'abbaye de Sept-Fons, comme président de l'ordre du clergé (1).

Pendant toute la période révolutionnaire, le culte
fonctionna presque ouvertement, et pour ainsi dire sans
arrêt, dans le canton de Lurcy.

En mai 1792, l'évêque Laurent ayant supprimé les
fêtes, une émeute ou plutôt une protestation, se fit à
Lurcy contre cette décision. Des manifestations sem-
blables avaient lieu, au même moment, dans beaucoup de
communes du district de Cérilly. Nous le verrons dans
le canton de Hérisson. Le mot d'ordre était donné de ne
pas obéir au mandement de l'évêque. Dans plusieurs
localités, la foule pénétra dans les églises et commit des
dégâts. Le directoire du district signala ces troubles au
directoire du département.

« L'ignorance et la superstition exercent sur eux trop
« d'empire ; pour eux, la religion ne gît que dans les
« cérémonies religieuses : ils tiennent aux festes plus qu'à
« l'évangile et ils n'ont pas vu la suppression d'un bon
« œil. Ils croyent la divinité offensée et déjà ils tremblent
« de voir la grêle ravager leurs moissons (2).

A Lurcy, la manifestation fut pacifique. Un groupe
important de citoyens se rendit chez le maire pour lui
demander d'autoriser le curé à célébrer les « festes et
« vespres de la manière accoutumée et à continuer les
« festes comme cy-devant ».

Le procès-verbal donne les noms des vingt-six péti-
tionnaires : Tretet, boulanger et propriétaire ; Jean

---

(1) J. Cornillon. *Le Bourbonnais sous la Révolution française*,
t. Ier.

(2) Délibération du directoire du district.

Lafond, aubergiste et propriétaire ; Boullier, cabaretier et propriétaire ; Gaurand, fermier ; Mathonat, fermier : Garjon, laboureur ; Pontal, fermier ; Mathieu, propriétaire : Petit, laboureur ; Douet, locataire ; Galmard, laboureur ; Darson, locataire ; Couleuvre, journalier : Perceau, charron ; Lafond, locataire ; Ruter, journalier : Letêtu, propriétaire ; Tortel, propriétaire ; Mouret, laboureur : Baraveau, laboureur ; Pinaux, charron : Civray, propriétaire , Tauranet, journalier ; Perreaud, journalier : Perreaud, charron : Magnoux, laboureur.

Le maire, placé entre la crainte de désobéir aux instructions qu'il avait reçues et le désir de faire plaisir à ses administrés, trouva le moyen de tourner la difficulté en admettant la demande « attendu qu'il n'avait moyen « de s'y opposer attendu qu'à la force il faut cedder et « par cette raison il consent que le curé fasse célébrer « les festes et vespres à la manière accoutumée et de « continuer les festes comme cy-devant ».

Ainsi que nous l'avons dit, tous les curés et vicaires avaient prêté serment. En 1793, Gillet obtint une pension à raison de son âge et quitta Lurcy en 1794 pour aller se fixer à Limoise. Il fut remplacé par Echel, venu pour habiter Lurcy où il cumula les fonctions de ministre du culte catholique et de secrétaire de l'administration.

En juin 1792, Claude Proust fut nommé vicaire par l'évêque Laurent pour remplacer Coutant, démissionnaire depuis le 26 juillet 1791 ; Proust eut pour successeur, en juin 1793, J.-B. Chevelle.

En 1792, Delaire, ci-devant capucin, eut la cure de Pouzy ; Louis-Xavier Dantigny fut nommé curé de Couleuvre. Il venait, croyons-nous, de Maillet, où il avait succédé au curé Godin, lorsque celui-ci refusa de prêter le serment.

Nous trouvons à Lurcy, en 1795, deux autres prêtres. Claude Saulnier, jouissant d'une pension de 1,000 livres, et Pierre Caillot, demeurant à Neure, dont il fut curé. A Couleuvre, il y a, en 1793, Jacques Lambert, « prêtre citoyen ».

En germinal an IV, il n'y avait plus de curé qu'à Lurcy et à Couleuvre. Ceux de Limoise et de Pouzy étaient partis ; on mit en ferme les deux presbytères.

Quant aux églises, elles devaient être aliénées.

Le projet de vente des églises de Lurcy et de Couleuvre souleva les plus vives réclamations. Pour la première, l'administration du canton adressa, le 21 messidor an IV, à l'administration centrale une longue protestation. « L'église servait à l'exercice du culte catho-« lique, il n'y avait pas à Lurcy d'autre local pour les « fêtes nationales, les réunions du peuple. Ce serait « priver les citoyens du plus grand de leurs plaisirs, que « d'ailleurs la lecture des loix ne peut se faire que dans « de pareils locaux, qu'il est très intéressant pour la « santé des individus qui se trouvaient exposés à l'intem-« périe des saisons pour entendre la lecture des loix, à « qui les braves vilageois font un devoir d'obéir, que de « plus il existe dans les clochers, conformément à la loi, « une cloche qui est faite pour annoncer au peuple les « moments de leurs réunions, comme aussy de le préve-« nir des accidents de tout genre... »

En conséquence, les représentants des quatre communes insistèrent vivement pour que le canton fût autorisé à conserver l'église de Lurcy. Ce fut le prêtre Echel qui rédigea la délibération, en sa quatité de secrétaire de l'administration.

Tout le monde, à Lurcy, favorisait l'exercice du culte : les seules mesures qui furent appliquées consistèrent dans la suppression des signes extérieurs du culte, des nombreuses croix qui se trouvaient à Lurcy, comme partout, aux croisements des chemins, au milieu des places publiques. On inscrivit enfin sur la façade des églises, ces mots : *Temple de la Raison.*

Une délibération prise le 5 prairial an V, par l'administration cantonale, montre exactement la situation. Elle constate que les prêtres, qui disent la messe dans les communes, ont tous fait leur soumission aux lois, qu'il n'y a pas de prêtres réfractaires ou déportés ; qu'aucun de ces ecclésiastiques ne prêche l'assassinat des commissaires du pouvoir exécutif, des acquéreurs de biens nationaux, de ceux des églises et maisons cidevant presbytérales, ne colportent aucune formule de rétractation, qu'ils ne font point sonner les cloches qui ne servent que pour les assemblées fixées par l'administration, qu'il n'y a sur le territoire des communes aucun signe extérieur du culte catholique.

Une autre délibération du 4 nivôse an VI montre les prêtres, qui exercent dans le canton, faisant leurs préparatifs pour célébrer la messe de minuit, malgré la défense qui leur en avait été faite. A Lurcy, la municipalité fut obligée, pour être sûre que la messe de minuit ne serait pas dite, de faire fermer les portes du temple de la Raison jusqu'au lendemain sept heures.

Le culte fut officiellement rétabli en l'an XI : le 30 germinal, le conseil municipal s'occupa de trouver un presbytère pour remplacer l'ancienne maison curiale qui tombait en ruines. Il fit refaire la couverture de l'église et remplacer les vitres des fenêtres.

Le 1ᵉʳ messidor an XI, le citoyen Pierre Caillot, prêtre, nommé curé de Lurcy, arriva pour se faire installer. La cérémonie fut annoncée au son de la caisse dans le bourg, et les autorités se transportèrent à l'église, où Caillot prit « la vraye et réelle possession de la cure de Saint-« Martin de Lurcy-le-Sauvage. »

Le 27 avril 1790, à la suite de troubles survenus dans des localités voisines, au sujet du prix des grains, le corps municipal de Lurcy décida, afin de maintenir l'ordre, en cas de besoin, de former, avec les citoyens de Lurcy et ceux des trois autres communes du canton, une milice nationale. « Vu la petitesse du lieu, dit la délibé- « ration, cette milice ne pourra excéder le nombre de « 25 soldats commandés par un capitaine, un lieutenant, « un sous-lieutenant et deux sergents. » Une procla- mation fut adressée aux habitants pour les engager à s'enrôler.

Cet appel ne fut pas entendu : les habitants du canton étaient presque tous des petits marchands et des culti- vateurs peu fortunés n'ayant pas de temps à perdre aux exercices et aux réunions, d'argent à employer à l'achat de fusils et d'objets d'habillement. Les citoyens se réunirent cependant en corps et armés de fusils de chasse, le 14 juillet 1790 pour fêter l'anniversaire de la prise de la Bastille et renouveler le serment civique. Après la fête, cette garde nationale ne resta pas orga- nisée.

En août 1790, le directoire du district répartit un certain nombre de fusils entre les cantons, à la suite d'une demande du canton du Veurdre qui avait sollicité des armes pour maintenir l'ordre, le jour de la fête de Notre-Dame de Lorette, solennité religieuse qui attirait

une affluence considérable. Le canton de Lurcy reçut
dix fusils qui furent déposés à la mairie.

La garde nationale ne fonctionnant pas, les fusils
furent enlevés le 28 juillet 1793, pour armer les conscrits
et les volontaires du département qui partaient pour les
frontières.

Des piques remplacèrent les fusils ; elles avaient été
fabriquées à Sancoins par Théophile Guillot, qui en
apporta 20 pour Lurcy et 10 pour Pouzy. Chauveau,
maire de cette commune, en prit livraison le 29 juillet.

Les piques furent placées à la mairie et restèrent
inutiles, comme l'avaient été les fusils.

En germinal an IV seulement, l'administration du
canton reprit le projet d'organisation de la garde nationale,
à la nouvelle que « des troupes de brigands, à la solde
« des royalistes, troublaient les citoyens dans leurs
« propriétés ». Elle adressa aux habitants un appel
chaleureux.

« Nous voyons avec peine la lenteur et l'insouciance
« que mettent les citoyens de cette commune pour l'or-
« ganisation de la garde nationale sédentaire, que sans
« cette précaution, il est impossible de jouir de la
« paix et de la tranquillité.

« Vos administrateurs ont fait tout ce qui a été de
« leurs pouvoirs pour vous inviter à vous remuer pour
« former cette garde nécessaire, elle vous a prévenu
« qu'elle ouvrirait un registre destiné à recevoir ceux
« qui voudraient s'y faire inscrire, elle ne l'a pas ouvert
« depuis qu'elle est pénétrée d'indignation de voir que
« dans une grande commune, telle que Lurcy, les
« citoyens sont récalcitrants au point qu'ils préfèrent
« abandonner leur droit le plus beau, celui de voter, de
« ne remplir aucune fonction, d'être méprisé et désho-
« noré à jamais ; voudriez-vous dans un instant effacer la
« gloire que vous vous êtes attirée dans le commence-

« ment de notre glorieuse révolution, en fournissant
« un nombre considérable de défenseurs à la liberté,
« voudriez-vous être sourds à la voix de la loi qui vous
« ordonne de vous former à la garde nationale ? Voudriez-
« vous être rebelles en lui désobéissant ? Non, citoyens !
« Vos administrateurs connaissent vos cœurs tendres et
« pleins d'amour pour la patrie, ce qui fait espérer que
« vous allez vous empresser de vous réunir à elle afin
« d'exécuter le vœu de cette loi bienfaisante.

   « Le délai n'est pas long, mais il est encore temps si
« la malveillance vous invitait à persister dans votre
« insouciance en vous présentant des dangers, adressez
« vous à vos administrateurs, ils vous consoleront et
« anéantiront les malveillants, voudrez-vous vous défaire
« de votre liberté, puisque vous n'avez pas le droit de
« sortir de votre commune sans vous exposer à être
« arrêté sans vous être muni de passeport lesquels ne
« seront délivrés qu'à ceux qui prouveront leur civisme
« en se faisant inscrire sur les registres de la garde
« nationale des communes qu'ils habitent ; tous ceux qui
« ne jouiront pas de ce glorieux avantage seront regar-
« dés comme vagabonds et les bons citoyens auront lieu
« de se méfier d'eux, que les lâches ne croient pas être
« exempts de service, ils le seront effectivement mais
« ils paieront celui qui le fera, attendu qu'ils ne sont pas
« dignes d'accompagner des hommes libres ni de sou-
« tenir l'exécution de la loi qu'ils méprisent. Vos admi-
« nistrateurs aiment à croire qu'ils ne trouveront parmi
« vous que des hommes jaloux de conserver de tous
« leurs pouvoirs et de toutes leurs forces la tranquillité,
« la paix, l'union et la concorde. C'est ce qu'ils désirent
« en vous prévenant que le registre sera fermé jeudi
« prochain. »

   Les citoyens du canton ne répondirent pas plus à cette

mise en demeure qu'aux appels qui leur avaient été
adressés les années précédentes.

Des troubles sérieux ayant eu lieu, l'administration
fut obligée de réquisitionner des hommes pour monter
la garde dans les communes ; elle en désigna 6 à Lurcy,
4 à Couleuvre, 3 à Pouzy et 2 à Limoise.

En germinal an IV, on constate l'existence d'une
garde nationale dans le canton de Lurcy, mais son rôle
se borne à élire un nombreux état major-d'officiers et de
sous-officiers ; 28 citoyens des quatre communes viennent voter et se distribuent les 16 grades à donner ;
furent nommés commandants, Boyer, François, Be-
noît, Tête, capitaine ; Subert, lieutenant ; Caquin,
sous-lieutenant ; Ferreyrol, sergent ; Dupoux fils, Lafond, Labour, Mayet, caporaux ; Bertrand, Jinchat,
Jolivet père, Glin, Bezin fils, Déduet, Buchoulte,
Devillard.

L'année suivante, les votants ne furent que 22, mais
le nombre des gradés ne diminua pas ; on donna de
l'avancement à quelques-uns, on en fit rentrer d'autres
dans le rang : on nomma commandant Petitjean ;
capitaine en 2ᵉ, Tonnelier ; lieutenant, Ferreyrol ; sous-
lieutenant, Bernard ; sergents, Devillard, Caquin, Trotet,
Subert ; caporaux, Durond, Painet, Bonneau, Buchoulte,
Marmion, Bouillet, Gergoy.

En l'an VII, 25 votants ; Tonnelier fut commandant ;
Maréchal, capitaine en 2ᵉ ; Dupoux, lieutenant ; Bouchi-
cot, sous-lieutenant ; les sergents furent Subert, Jargois
Marmion, Peynet ; les caporaux, Lenoir (de Couleuvre)
Lavilatte (de Limoise), Sayet, Guiollet, Mayet, Guinault,
Bourdier, Trotet (de Lurcy).

On ajouta, cette année, deux tambours, Subert et
Bonneau.

La garde nationale ne se réunit avec un peu d'em-
pressement que pour assister aux premières fêtes civi-

ques; mais, lorsque l'administration cantonale célébra les
nombreuses fêtes créées par la Convention, le zèle des
gardes nationaux se ralentit à ce point. qu'il fallut ordon-
ner par un arrêté, que pour chaque réunion décadaire,
15 hommes, 8 de Lurcy, 4 de Couleuvre, 2 de Pouzy
et 1 de Limoise, seraient tenus de se trouver à la
mairie de Lurcy pour escorter les autorités, et faire des
évolutions militaires autour de l'arbre de la Liberté.

C'est dans ces conditions que la garde nationale par-
ticipa à la célébration de toutes les fêtes républicaines;
les procès-verbaux des fêtes de l'empire ne parlent pas
de sa présence; elle n'existait probablement plus. Elle
fut rétablie en janvier 1812; nous la voyons le 7 octobre
1814, prêtant serment au Roi, et allant chercher au
château de Neureux le drapeau, « cette superbe pièce
« que le marquis de Sinety avait achetée à Paris pour rem-
« placer celui qu'il avait précédemment fourni et qui
« n'avait plus les couleurs et les attributs aujourd'hui
« d'usage ».

Un ancien militaire habitait à Lurcy en 1792 ; il s'appelait Maréchal Jean, né le 30 mars 1748 à Coiffy-le-Bas (Hte-Marne) ; il fit enregistrer à la mairie, le 20 juillet 1792, un brevet ainsi conçu :

Infanterie. — Régiment d'Angoumois. — Compagnie Renevelle.

LA NATION, LA LOI ET LE ROY

« Louis, par la grâce de Dieu et par la loi constitutionnelle de l'Etat, roi des François, chef suprême de l'armée.

« Le nommé Jean Maréchal, ancien sergent major au cy-devant régiment d'Angoumois, ayant justiffié qu'il a servi pendant le temps de 24 années et s'est toujours comporté avec valeur, le Roi, voulant lui donner une marque de la satisfaction que Sa Majesté a de ses services, il luy a accordé et accorde par ces présentes le droit de porter toute la vie, sur le côté gauche de son habit, à la hauteur de la 3e boutonnière, un médaillon avec deux épées en sautoir et de la forme cy empreinte au brevet.

« Donné à Paris, le 10 juillet de l'an 1792, de notre règne, le 19e et le 4e de la Liberté.

« Signé : Louis.

« Par le Roy :

« Signé : ALAGARDE. »

Ce brave soldat renonça bientôt au repos auquel il avait droit, après 24 ans de services, et il s'engagea comme volontaire en septembre 1792, à la première nouvelle des dangers qui menaçaient la Patrie. Il rentra plus tard, en retraite à Lurcy, avec le grade de capitaine, et continua à servir son pays en se chargeant plusieurs fois de conduire les conscrits du canton au dépôt de Moulins.

Nous avons ses états de services (1): Enrôlé volontaire au régiment d'Angoumois (infanterie), le 5 novembre 1767, caporal le 11 mai 1768, sergent le 16 mai 1771, sergent-major le 1er mars 1785, congédié le 5 novembre 1788, lieutenant au 2e bataillon de volontaires nationaux de l'Allier le 17 septembre 1792, capitaine le 5 avril 1793, passé à la 17e *bis* demi-brigade d'infanterie légère le 19 juin 1795, mis en subsistance provisoire le 1er novembre 1797, retraité pour infirmités le 19 novembre 1800.

CAMPAGNES :

1780, 1781, 1782 et 1783, Amérique ; 1792 et 1793, armée des Ardennes et de la Moselle ; 1794 et 1795, armée de Rhin et Moselle.

BLESSURES :

Blessé le 15 août 1795, au camp de Mondorff, de plusieurs coups de sabre sur la tête et de plusieurs coups de crosse de fusil sur le corps.

Il y a également à Lurcy, en septembre 1793, un autre officier, Antoine Dupoux, capitaine au 19e régiment d'infanterie ci-devant de Flandre ; il revenait des eaux de Bourbon. Il remit au maire, conformément à la loi, sa croix de St-Louis et son brevet donné par le roi, le 28 janvier 1791.

---

(1) Archives du Ministère de la Guerre.

Dupoux Antoine se fixa à Lurcy en 1797. Il était né à Moulins le 14 décembre 1736.

Voici ses états de services (1) : Enrôlé volontaire le 16 février 1761 au régiment de Flandre, fourrier le 1er mars 1763, sergent le 16 octobre 1783, porte-drapeau le 10 juillet 1784, lieutenant le 1er avril 1791, capitaine le 15 octobre 1792, retraité le 19 mars 1795.

Campagnes : 1761 et 1762, Allemagne : 1792, 1793, 1794, armée du Nord.

Nous trouvons aussi à Lurcy, en pluviôse an V, un officier supérieur, le chef de bataillon à la 4e demi-brigade, Pierre-Gabriel Lafond. Il n'était pas originaire de Lurcy. Il venait chez son père, l'ancien notaire, alors agent de la commune, se reposer des fatigues de la guerre. Lafond serait né dans la Nièvre (2) ; il aurait fait ses études à Moulins et à Nevers, et il était, dans cette dernière ville, employé aux finances. Enrôlé volontaire en septembre 1792, il fut nommé capitaine par ses camarades. A l'armée, il fut confirmé dans ce grade. Il fit les campagnes de 1792 et de 1793 à l'armée du Nord. Chef de bataillon en 1794, il se distingua plusieurs fois à l'armée de l'Ouest, par des actions d'éclat. Pendant la campagne d'Italie, il fut gouverneur de Pavie. Chef de brigade en 1800, inspecteur des revues en 1806, il mourut à Posen des suites de plusieurs blessures, à l'âge de 32 ans. Il était chevalier de la Légion d'honneur.

Lafond avait épousé, à Nantes, Mlle de Mayet, fille de Guy de Mayet, ex-officier de marine. Il en eut un fils Gabriel-Pierre-Marie-Marc Lafond, né à Lurcy le 3 germinal an IX, qui fut officier de marine. Mort en avril 1876.

---

1 Archives du Ministère de la Guerre.

2. Renseignements fournis par M. Fournerie, d'après le fils de Lafond. (Quinze ans de Voyages autour du Monde.)

Maréchal ne fut pas seul à s'offrir pour défendre nos frontières : dix hommes du canton partirent dans le 2ᵉ bataillon de l'Allier. Le registre du corps municipal — 26 septembre 1792 — nous a conservé les noms de ces braves : Gabillaud, Seval, Charles, Landon, Bourbonnais, Michaux, Larmingat, Beguet, Sarrault, Bourbon.

En septembre 1793, eut lieu le premier tirage au sort pour la levée de 300,000 hommes ordonnée par le décret du 22 juillet précédent. Douze hommes furent appelés à la mairie le 19 septembre devant le maire, le procureur de la commune et le corps municipal ; douze billets, numérotés de un à douze, furent mis dans un chapeau afin de fixer l'ordre dans lequel les conscrits s'avanceraient pour tirer au sort. Cette opération donna le classement suivant : Berry, Besson, Gagne, Robin, Lafeuillaut, Brigault, Deschamps, Magnoux, Trotet, Rauxioux, Paul et Joret.

On mit ensuite dans « un chapeau placé à hauteur « convenable pour qu'aucun des individus ne put voir « dans le dit chapeau » douze billets, dont deux seulement portaient le mot « soldat », « et après les avoir « ballotés et remués à plusieurs et différentes fois », on appela chaque conscrit dans l'ordre assigné par le premier tirage.

Les deux billets échurent à Brigault et Rauxioux, qui furent déclarés soldats, défenseurs de la Patrie.

D'autres tirages eurent lieu les années suivantes ; nous trouvons sur les registres, pour les quatre communes, les noms de Ville, Bouille, Clostre, Auclair, Malthet, Thomas, Delageneste, Audot, Comte, Sergent, Parion, G. Ville, Soudry, Martin, Loget, Baraton, Longeat, Judique, Thevenet Jean, Desforges, Tixier, G. Sivray, Guiollet, Gilardin, Lalot, Dubuisson, Desoulière, Perreau, Julien, Thevenin, Roux, Saligny, Vallet, Dodat, Roudet, Berry, Durot, Tourret.

Un jury, composé de Dupoux Charles, Gardien, ancien fendeur, Chauvet, Guiollet et Bonneau, examina les conscrits avant leur départ ; Guiollet et Gilardin se cachèrent ; deux autres fils de familles riches de Limoise, Delageneste et Bouille, présentèrent pour les remplacer Gouraud et Collin.

Maréchal Jean et Trotet menèrent les conscrits au dépôt de Moulins. Le canton donna à chaque homme 35 francs pour l'équipement et 9 francs pour un mois de solde.

On ne trouva pas à Lurcy, comme dans beaucoup d'autres localités, des armes et des habillements pour les soldats ; les registres signalent un seul don de cette nature : il fut fait par Deruelle, directeur de la fabrique de porcelaine de Lévy, et consistait en un fourniment complet de soldat : habit, fusil de munition, giberne et dix cartouches « parisiennes, de la source de celles qui « ont conquis, le 10 août, l'égalité contre les efforts des « traîtres ».

Après les réquisitions d'hommes, Lurcy eut comme les autres cantons à satisfaire aux demandes qui lui furent adressées pour fournir aux armées un contingent de chevaux, de bétail, d'avoine, etc.

Ecoles.

Il y avait à Lurcy, en 1789, une école de filles : elle
était installée dans les bâtiments de l'hospice et dirigée
par les sœurs de la Charité. En 1790, les sœurs quit-
taient Lurcy, et l'école cessa d'exister.

L'école des garçons était un établissement appelé le
collège. Le principal, Paul Roumerchène, comparut le
12 juin 1790, avec ce titre, devant le Maire et les
officiers municipaux de la commune, pour déclarer que
les nommés Auclerc, Jacquenet et Maudière l'avaient
forcé à dresser un placet séditieux, en le menaçant de le
tuer s'il refusait. Ce placet avait certainement des
rapports avec l'émeute que ces trois individus avaient
organisée à Lurcy, au sujet des grains. Roumerchène
cumulait, en 1790, les fonctions de principal du collège
avec celles de greffier-secrétaire de la municipalité.

Nous n'avons aucun renseignement sur le collège de
Lurcy, et sur l'enseignement que recevaient les élèves.

Ce collège n'existait plus en 1793 : il n'y avait qu'une
école très mal dirigée par le citoyen Labour, si nous en
croyons le procureur de la Commune qui, le 22 septembre, informa le corps municipal « que le sujet préposé
« pour l'instruction de la jeunesse est négligent à ce
« point que la plupart des enfants sont obligés de se
« rendre chez différents particuliers pour prendre une
« très faible éducation, qu'il est indispensable d'établir
« un chef sous lequel la jeunesse se rassemble. Les
« pères et mères se plaignent. Aucun progrès. La classe
« est réduite à cinq ou six enfants. »

Le corps municipal appela devant lui l'instituteur pour qu'il s'expliquât sur les faits signalés par le procureur. Labour accueillit très mal les reproches, menaça les officiers municipaux « d'écrire contre eux », et ajouta que si on le renvoyait, il ferait concurrence à son successeur, qu'il prendrait des élèves à dix sols par an.

Ne se laissant pas intimider par ces menaces, le corps municipal, considérant que Labour était incapable d'instruire la jeunesse, nomma à sa place Trolet Balthazard, qui avait suivi pendant quatre ans les cours du séminaire de Bourges.

En germinal an III, le directoire du district de Cérilly appliquant la loi du 27 brumaire an III, décida qu'il y aurait, dans le canton de Lurcy, une école de garçons à Lurcy, à Couleuvre, à Pouzy et à Limoise, une de filles à Lurcy. Il n'y eut de nomination de maîtres que pour Lurcy : Pierre-Robert Labour, instituteur, et Anne Ramaud, femme Bernard, institutrice.

Nous croyons que le sieur Labour était le mauvais instituteur de 1793 : il fut encore destitué à la suite de plaintes des familles.

Quant à l'institutrice, il n'est question dans les registres ni d'elle ni de son école.

En l'an VII, le premier jour complémentaire, l'administration municipale s'occupa de la nomination d'un instituteur. Il semble, d'après la délibération, que la commune n'avait plus d'écoles depuis longtemps.

On fit venir Gillet Gilbert, maître ès-arts reçu à l'Université de Bourges, en 1775, propriétaire à Sancoins, neveu du curé Gillet : il arriva muni d'un certificat de civisme, et l'autorité l'installa, « flattée de n'avoir point « été trompée dans son attente, et que le dit citoyen « Gillet joint le civisme le plus pur et des mœurs irré- « prochables aux connaissances nécessaires pour remplir « avantageusement sa place ».

On remit à Gillet pour y tenir son école, l'ancien presbytère et ses dépendances : au rez-de-chaussée, pour son logement, une petite cuisine sur le devant et sur le derrière, une petite chambre obscure, une chambre haute assez vaste et un petit cabinet pour recevoir les élèves, et y donner ses leçons. Les dépendances se composaient d'une cave et d'une vieille grange. Tous ces bâtiments étaient dans le plus mauvais état et menaçaient ruine. L'administration fit faire pour 120 livres de réparations.

L'instituteur reçut un traitement de 200 livres. Il touchait des élèves par mois :

     1re classe   0,60
     2e classe   0,75
     3e classe . . . .   1 »
     4e classe   1,25

L'instituteur devait recevoir gratuitement les enfants pauvres.

En l'an XII, ce tarif fut modifié ainsi qu'il suit :

Pour les commençants et jusqu'à ce qu'ils écrivent 1 fr.

Pour ceux qui, en sus, apprennent à écrire et à compter . . . . 1 fr. 50

Pour ceux qui prendront des leçons de la grammaire française ou latine . . . . 2 fr.

Gillet fut destitué en 1808, à cause de sa mauvaise conduite, et fut remplacé par Pierre Aupy.

FÊTE DU 14 JUILLET 1790.

Le 11 juillet 1790, le maire, les officiers municipaux, le procureur de la commune et les notables se réunirent à la chambre commune : le procureur exposa que Lurcy avait reçu de la commune de la ville de Paris l'invitation « de se réunir de cœur et d'affection à la « cérémonie du pacte fédératif qui doit se faire en la « capitale du royaume le 14 juillet présent mois ; qu'il « seroit indispensable à la municipalité de répondre à « cette vue bienfaisante, en conséquence, il requerroit « que tous les citoyens actifs, composant la commune « s'assemblent le dit jour 14 du présent mois au lieu qui « leur sera indiqué pour prêter et renouveller le ser- « ment de fidélité à la Nation, à la loi, et au roi et de « soutenir la constitution de tout leur pouvoir, au même « instant et à l'heure que les députés de toutes les villes « bourgs et paroisses du royaume assemblés à cet effet « en la ditte ville, prêteront le même serment qui est « midi l'heure précise, en outre il sera érigé un autel à « la patrie sur lequel le sieur curé sera invité d'y célébrer « une messe solennelle pour prier le seigneur qu'il « inspire dans le cœur de tous les citoyens un attache- « ment inviolable à la loi et que le lieu destiné pour cette « cérémonie soit au calvaire. »

Cette proposition du procureur fut adoptée et il fut décidé « que mercredi prochain 14 présent mois, tous « les citoyens composant la commune de cette paroisse « se rendront au lieu qui leur sera indiqué pour prêter et « renouveller le serment de fidélité à la nation, à la loi

« et au roi et de soutenir la constitution de tous leurs
« pouvoirs qu'à cet effet il sera erigé un autel à la Patrie
« au lieu du calvaire sur lequel le sieur curé sera invité
« à célébrer la messe solennelle, pour demander que le
« Dieu des armées les affermissent dans le zèle qu'ils
« témoignent avoir d'être fidèles à la loi, en consé-
« quence la garde nationale sera avertie de se réunir
« à l'assemblée pour maintenir le bon ordre et prêter le
« même serment. »

Signé :

Gillert, maire ; Ferreyrol, procureur de la commune :
 Dupoux, Bouchicot, Duron, Subert, Quinaud, Subert, Marion, Roumerchène, greffier ; Raby.

Le registre des délibérations donne le procès-verbal
de la fête du 14 juillet 1790.

« Sur les dix heures du matin se sont assemblés en
« l'église paroissiale, les officiers municipaux, procureur
« de la commune, la garde nationale et toute la commune
« à l'effet de renouveller le serment civique, le sieur
« curé invité de célébrer préalablement une messe solen-
« nelle sur un autel placé au milieu de la nef expres-
« sément dédiée à la Patrie, a l'issue de laquelle messe
« célébrée comme il était requis on auroit disposé toute
« l'assemblée à prêter le dit serment par des discours
« annoncés par M. le curé maire, le procureur de la
« commune et le secrétaire de la municipalité, après
« quoi les officiers municipaux, le procureur de la com-
« mune et les notables ont juré d'être fidèles à la nation,
« à la loi et au roi, de maintenir de tout leur pouvoir
« la constitution, puis les officiers de la garde nationale
« ont prêté et fait prêter à leurs soldats le même
« serment, enfin, les officiers municipaux ayant fait
« lever la main à toute la commune assemblées a dit
« à haute et intelligible voix, chers amis et braves

« citoyens promettez vous d'être fidèle à la nation, à la
« loi et au roi et de soutenir de tout votre pouvoir la
« constitution, ont tous répondu et un chacun oui, je le
« jure, alors tous se sont écriés, vive la nation, la loi et
« le roi, ce qui a été réitéré à différentes fois avec de
« grandes acclamations après quoi on a chanté un *te*
« *deum* en actions de grâces et un chacun s'est retiré.
« De tout quoi avons dressé le présent procès verbal
« pour être transmis à la postérité.

 « Gillet, maire. Ferreyrol, procureur de la commune.
« Roumerchène, greffier. »

Lurcy avait envoyé un représentant à la fête de la
Fédération de Paris ; cet honneur avait été confié au
commandant de la garde nationale : François-Benoit
Tête-Boyer. Son voyage dura 33 jours et sa dépense
s'éleva à 165 livres.

En 1791, on ne célébra pas l'anniversaire de la prise
de la Bastille.

En 1792, quatre gardes nationaux, Subert, Aubouer,
Dupoux et Lafond furent choisis pour aller comme représentants du canton à la fête de Moulins « se ranger
sous la bannière du département ».

Ils en rapportèrent le certificat suivant :

LA NATION — LA LOI — LE ROI

Fédération du 14 Juillet 1792. — L'an IV de la Liberté.

DÉPARTEMENT DE L'ALLIER

DISTRICT DE MOULINS

MUNICIPALITÉ DE MOULINS

Nous officiers municipaux de la ville de Moulins au
département de l'Allier certifions et attestons à tout le

canton de Lurcy qu'à la grande satisfaction de tous nos concitoyens. Messieurs Annet Dupoux, Nicolas Lafond, Pierre Aubouer et Claude Subert se sont présentés le 13 du présent mois en la maison commune de cette ville où ils ont remis le procès-verbal de leur nomination, et ont assisté le lendemain 14 à la cérémonie de la Fédération où ils ont juré avec toute l'énergie dont ils sont susceptibles à tous les vrays François, qu'ils vivront libres ou qu'ils mourront, et nous représentants des citoyens de la commune de Moulins leur avons également juré que dans toutes les circonstances quelques périlleuses qu'elles soient, au premier signal, nous nous ferons un devoir de voler à leur secours.

En foy de quoy nous leur avons délivré le présent certificat signé de Nous et contresigné de notre secrétaire-greffier, qui a apposé le sceau de la municipalité pour valoir et servir à ce que de raison.

Donné à Moulins, à la maison commune, le 14 juillet 1792, l'an IV de la Liberté.

Signé :

Simard, maire ; Estopy-Desvignet ; Renaud ; Charles Lejeune, substitut du procureur de la commune ; Mizon, procureur ; Marinier, secrétaire.

Les registres de Lurcy ont une lacune entre le 22 septembre 1793 et le 21 germinal an IV.

La première fête, que signale le registre qui commence au 21 germinal an IV, eut lieu le 10 prairial an IV. C'est le commencement de ces nombreuses fêtes créées par la convention, par le décret du 7 mai 1794, ou ordonnées ultérieurement à l'occasion d'événements importants.

A Lurcy, le programme resta toujours le même :

Convocation des fonctionnaires, de la garde nationale, réunion au pied de l'arbre de la Liberté. Nous repro-

duisons les procès-verbaux des fêtes les plus complètes,
ceux dans lesquels la plume du greffier-secrétaire de
l'administration ou du président a donné quelques dé-
tails intéressants.

La fête du 10 prairial an IV est la fête de la Reconnaissance et des Victoires ; elle eut lieu à 10 heures du
matin.

23 *Thermidor, an IV. — (10 août 1796).*

FÊTE DU 10 AOUT.

« Fête du 10 août, jour immémorable qui a détruit
« le Trône et abattu l'orgueil, la tiranie, pour rendre au
« peuple ses droits et sa souveraineté, c'est de ce jour là
« que la République qui a pris une attitude solide qui en
« imposa aux malveillants et les anéantit à jamais, aussy
« atelle fait voir aux tirans couronné que leurs trônes sont
« suspendu par des fils de laine que les Républicains
« sauront par leur courage et leur intrépidité brisé et que
« s'il est un jour à remarquer dans notre Glorieuse
« Révolution, c'est le 10 aoust, il sera toujours cher
« aux français et à tous les vrais amis de la Constitution.
« L'administration sensible aux bienfaits que nous a
« procuré le 10 aoust a donc prévenut ses concitoyens de
« l'objet de cette fête et leur a démontré qu'elle devait
« être célébré avec zèle et courage attendu quelle faisait
« notre bonneur et encore mieux celui de nos neveux
« qui profiteront paisiblement des Biens faits que nous
« leurs préparons. Le peuple sest réunis au veu de
« l'administration. La Garde nationale sous les armes.
« Le rassemblement s'est fait à l'administration à dix
« heures. Le cortège composé des authorités constitués
« du canton se sont réunis à la garde nationale et de la
« se sont rendu en ordre au temple de la Raison, au

« son de la caisse ou lon attendait les cris de vive la
« République, vive le Gouvernement.

« Les jeunes gens animés du saint amour de la patrie
« ornoient la fête et alloient en avant du cortège en
« chantant l'air de la patrie. Arrivé au temple, lecture est
« faite de l'arrêté du Directoire exécutif qui ordonne la
« fête. En suite un membre fait un discour analoge à la
« fête démontre les avantages du nouveau gouvernement
« et invite ses concitoyens à l'aimer le respecter et à
« obéyr à ses lois.

« La fin de son discours est interomput par des cris de
« vive la République de là le cortège se rend sur la
« place de la Liberté, entoure l'arbre de la Liberté
« chaque citoyens lui rend hommage et fait des vœux
« pour sa conservation. Les jeune gens s'approche, des
« chants sont chantés par cette aimable jeunesse. En
« suite le cortège continue pour se rendre à l'adminis-
« tration et arrivé là, la Garde Nationale fait en présence
« de l'administration une manœuvre qui lui attire l'admi-
« ration de tous les assistants et la fête est terminée par
« des cris de vive la Républque.

Signé :

« Huart, J.-B. Guilhaumin, Serre, agents ; Berrier,
  « Artaud, agents ; Dupoux, commandant ; Borde,
  « agent : Echel, secrétaire.

Ier Vendémiaire an V. — (22 Septembre 1796).

FÊTE DE LA RÉPUBLIQUE SUR LA PLACE DE LA LIBERTÉ.

Programme des autres fêtes : des jeunes gens portant
des branches d'arbres escortent les autorités.

---

10 Pluviose an V. — 29 Janvier 1797).

Serment de haine à la royauté, anniversaire de la juste punition du dernier roi des François.

Prêtent le serment :

Berrier, commissaire :

Artaud, agent ;

Labour, adjoint ;

Borde, agent ;

Bouille, agent ;

Lafond, juge de paix :

Serre, agent :

Guilhaumin, adjoint :

Gardien, assesseur du juge de paix :

Phelouzat, assesseur du juge de paix :

Lhorpe, assesseur du juge de paix :

Damiot, garde forestier :

Bernard, assesseur :

Petitjean, assesseur ;

Boyer, receveur de l'Enregistrement :

Ferreyrol fils, directeur de la poste :

Dupoux, commandant de la Garde nationale, pensionné de la République ;

Maréchal, pensionné de la République :

Ferreyrol, notaire :

Caquin, huissier ;

Lafond fils, chef de bataillon ;

Serre, pensionné de la République :

Gillet, pensionné de la République :

Echel, secrétaire de l'administration :

12 Floréal an V.

Fête des époux ; n'avait pas été célébrée le 10, les citoyens étant occupés à leurs travaux.

15 Floréal an V.

Proclamation de la paix. La lettre de l'administration centrale du département annonçant la paix est lue au pied de l'arbre de la Liberté ,aux cr:s de Vive la République ! Vive nos armées !

---

10 Prairial, an V. — Fête de la Reconnaissance et de la Victoire.

« Il a été fait différents discours pour instruire le
« peuple sur une aussi intéressante fête. laquelle fait
« pâlir les tyrans et les force à demander la paix à un
« peuple libre.

« Le voilà donc arrivé ce jour glorieux, a dit un
« membre, qui nous annonce une paix générale, décisive
« et le retour de nos braves frères ; quelle satisfaction
« pour vous, braves habitants des campagnes, de voir
« arriver vos parents couverts de lauriers, ils jouiront
« tous d'un bien être, le Gouvernement a un dépot pour
« les récompenser.

« Tous les discours ont été entendus par le peuple
« avec satisfaction. Le silence et la tranquillité y régnoit,
« les orateurs étoient souvent interrompus par les cris
« de : Vive la République et le Gouvernement, vive nos
« braves déffenseurs ; à la suitte des discours, ont été
« entonnées les chansons les plus républicaines, telles
« que *la Marseillaise* et *le Chant du Départ.* D'après
« quoy le cortège suivi par touts nos braves villageois a
« fait le tour de la place publique et s'est rendu à
« l'administration d'où il étoit parti et avons de suitte
« rédigé le présent. »

---

26 Messidor, an V. — (14 juillet 1797.)
FÊTE DE L'ANNIVERSAIRE DU 14 JUILLET 1789.

---

3 *Vendémiaire, an VI.* — (*27 septembre 1797.*)
FÊTE ANNIVERSAIRE DE LA FONDATION DE LA RÉPUBLIQUE

30 *Vendémiaire an VI.* — (*21 octobre 1797.*)
CÉRÉMONIE FUNÈBRE POUR LE CITOYEN HOCHE.

« Aujourdhui trente vendémiaire an vi de la Répu-
« blique française, une et indivisible, heure de huit du
« matin, en exécution de la loi du six de ce mois, de
« l'arrêté du Directoire exécutif du dix et de la lettre de
« l'Administration centrale du département de l'Allier
« du vingt-quatre, les membres de l'Administration mu-
« nicipale du canton de Lurcy-le-Sauvage et le commis-
« saire du Directoire exécutif se sont réunis au lieu
« ordinaire de leurs séances, le Président a dit : Citoyens,
« c'est aujourdhui que nous célébrons une cérémonie
« funèbre, en mémoire du général Hoche, commandant
« en chef des armées de Sambre et Meuse, de Rhin et
« Mosele, décédé le troisième jour complémentaire de
« l'an v dans la trentième année de son âge, que cette
« fête a été annoncée depuis plusieurs jours et ce matin
« dès l'aube du jour il a été annoncé aux citoyens que la
« République avoit perdu l'un de ses défenseurs les plus
« ardents et que l'administration appelloit ses conci-
« toyens à venir mêler leurs larmes aux honneurs funèbres
« que la Patrie reconnaissante lui avait décerné.

« A neuf heures, la Garde nationale se rend près
« l'Administration, le tambour couvert d'un crêpe exé-
« cute par intervalle de sombre roullement.

« Le juge de paix, ses assesseurs et greffier, les
« notaires et huissiers publics arrivent également pour
« concourir aux émotions religieuses et à l'atendrisse-
« ment que l'on alloit éprouver, chaque membre du

« cortége tient à la main une branche de lauriers ou de
« chênes.

« Le cortége et les citoyens composant la Garde
« nationale ayant arme basse dirigent leur marche sur la
« place publique, arrivés au pied de l'arbre de la Liberté,
« un concours de citoyens se trouvent réunis, le Prési-
« dent annonce la satisfaction de l'Administration de
« voir ses concitoyens se confondre avec les autorités
« civiles et militaires pour payer à la mémoire du général
« mort leurs tribus individuels de la reconnoissance
« publique.

« Le président fait lecture de la loi du six de ce mois
« portant art. ; qu'il sera célébré le 30 vendémiaire an VI
« une fête funèbre à l'occasion de la mort du général
« Hoche dans tous les camps et dans chaque commune
« principale de chacun des cantons de la République.

« Le président dit ensuite : Vous êtes empressé,
« citoyens, comme nous de paiyer à la mémoire du
« général Hoche la dette de la reconnoissance nationale,
« je vais vous faire le récit des principaux extraits de sa
« vie. Ce brave général étoit l'un des plus ferme apuis
« de la République, c'est lui qui débloqua Landau, qui
« fut vainqueur de Neuwied, de Veissembourg, de Qui-
« beron et du Rhin, c'est lui qui a pacifié la Vendée,
« c'est lui enfin qui mourut en exprimant son grand
« amour pour la République et la joie de l'avoir sauvée
« par l'immortelle journée du 18 fructidor an V, pour
« vous prouver ce que j'avance, je vais, citoyens, vous
« faire lecture du procès-verbal de la cérémonie funèbre
« qui a eu lieu au Champ de Mars à Paris, le 10 de ce
« mois, il invite ses concitoyens au silence.

« Cette lecture écoutée dans le recueillement le plus
« profond, n'est interrompue que par les soupirs des
« assistants qui s'écrient : Comment est-il possible qu'un
« si brave général soit mort à 30 ans, pleurons la perte

« d'un si grand homme et n'oublions jamais sa mémoire.

« La lecture terminée le président ranime les esprits
« et, réchauffe les ames par l'aire de la marseillaise, il
« entone la strofe « amour sacré de la patrie » tous les
« citoyens répètent aux armes citoyens, vive la répu-
« blique, vive la constitution de l'an trois, vive notre
« Gouvernement, vive nos braves généraux et nos
« armées.

« Le président termine la fête en invitant ses conci-
« toyens à l'union et à la concorde en abjurant les
« haines et les vengeances tous les citoyens applaudisant
« crient vive la république et au même instant il est fait
« une décharge d'artillerie.

« Le cortège se remet en marche pour se rendre
« à l'Administration en chantant l'aire du départ. »

---

2 Pluviose, an VI. — (21 Janvier 1798.)

Anniversaire de la punition du dernier roi des
Français.

Serment, la jeunesse plante un arbre de la Liberté.

---

15 Pluviose, an VI. — (3 Février 1798.)

Construction d'un autel de la Patrie, sur la place de
la Liberté, avec les pierres provenant d'autels de
l'église et du support de la croix du cimetière.

---

30 Ventose, an VI. — (20 Mars 1798.)

FÊTE DU SOUVERAIN.

« Aujourd'huy trente ventose an six de la République
« française une et indivisible. Nous administrateurs mu-
« nicipaux du canton de Lurcy-le-Sauvage étant réunis

« au lieu ordinaire de nos séances, il a été fait lecture
« de l'arrêté du Directoire exécutif relatif à la célébra-
« tion de la fête de la Souveraineté du peuple l'agent
« de la Commune représente que penétré du contenu
« dudit arrêté, il s'est occupé du jour d'hier à préparer
« tout ce que les localités peuvent permettre pour don-
« ner à cette fête toute la splendeure qu'elle mérite et à
« l'heure de onze avant midi, s'est rendu à l'administra-
« tion tous les fonctionnaires de cette commune avec
« tous les citoyens composants la garde nationale et
« après que chacuns eut pris sa place, le cortège est
« sortis pour se rendre sur la place de la Liberté, étant
« arrivé, ou il y avoit des décorations que tous les bons
« citoyens s'étoient empressés de faire pour rendre à
« cette fête toute la Dignité qui luy est due ; les jeunes
« gens ainsy que les vieillards se sont réunis et ont cer-
« nés l'arbre de la Liberté, c'est là ou il a été fait lecture
« de l'arrêté du Directoire exécutif relatif à la ditte
« fête, ainsy que la loi portant que l'armée française
« au capitole a bien mérité de la patrie. Ensemble le
« message du Directoire exécutif relatif aux cruautés
« commises envers la République par les Evêques de
« Rome, chaque lecture terminée, le peuple répondait
« par des cris de vive la République. Le corps législatif,
« le Directoire et nos braves armées. D'après cela il a
« été fait differents discours au jour de demain pour
« instruire le peuple sur sa souveraineté et sur la tenue
« des assemblées primaires ou il luy a été démontré que
« c'est de la tenue des assemblées primaires de l'an six que
« dépend le bonheur, la sureté et la tranquilité de la Ré-
« publique, il a été pareillement fait lecture d'une lettre du
« Ministre de la police générale insérée dans la déca-
« daire du Département, cette lettre a receu l'applau-
« disseman de toute l'assemblée, et a démontré le bon
« esprit qui anime l'autheur, lecture faitte aussi d'un

« discours fait en vers qui a reçeu l'approbation de la dite
« assemblée ; Ensuitte le cortège ayant fait en différentes
« fois le tour de l'arbre de la Liberté, il s'est rendu
« toujours en ordre, au lieu d'ou il était parti, en chan-
« tant des airs joyeuses et analogues à la circonstance ;
« cette fête étoit embellie par la présence de quatre
« volontaires de l'armée d'italie qui étoient dans cette
« commune pour deux décades ; La cérémonie a été
« terminée par des cris de Vive la République, En-
« suitte on s'est rendu au banquet civique ou les braves
« volontaires, y ont été invités. »

10 Floréal, an VI. — (23 Avril 1798.)

FÊTE DES ÉPOUX, SUR LA PLACE DE LA LIBERTÉ.

10 Prairial, an VI. — (29 Mai 1798.)

FÊTE DE LA RECONNAISSANCE.

10 Messidor, an VI. — (28 Juin 1798.)

Fête de l'Agriculture, célébrée sur la place de la Liberté
au pied de l'arbre de la Liberté entouré d'une charrue
et d'ustensiles de labourage.

26 Messidor, an VI. — (14 juillet 1798.)

FÊTE DE L'ANNIVERSAIRE DU 14 JUILLET 1789.

« Jour mémorable dans les fastes de la Révolution ou
« le trone vit pour la première fois les élans du peuple
« vers la liberté, que ce jour fut bientôt suivy des jours
« mémorables qui virent la destruction totale de la
« tyrannie. C'est la mémoire de ce jour fameux et par
« luy-même et plus encore par ses résultats que la loy

« du 10 thermidor an IV nous fait un devoir de célébrer,
« l'administration s'empresse donc de célébrer cette
« auguste fête non seulement par devoir mais encore
« par l'impression profonde qu'ont fait sur nous les
« heureux événements qui l'ont suivie et qui doivent
« suffire pour produire la manifestation de notre recon-
« noissance pour les vainqueurs de la Bastille.

« Les authoritées constituées, la Garde nationale et
« les fonctionnaires publics, ainsy réunies, le cortège
« s'est mis en marche, arrivé sur la place de la Liberté.
« la Garde nationale a faite une évolution militaire pour
« former un demi cercle autour de l'arbre chérie.

« Le président a donné lecture de la loy précité et de
« la circulaire de l'administration centrale du départe-
« ment de l'Allier du dix huit de ce mois.

« Cette lecture achevée, plusieurs citoyens ont faits
« différents discours analogues à cette auguste fête qui
« ont été couverts d'applaudissements et aux cris de
« vive la République, vive notre Gouvernement, vive
« notre Constitution et nos braves armées, que les
« vainqueurs de la Bastille reçoivent de nouveau les
« témoignages de notre reconnoissance, la fête a été
« terminée par des hymnes patriotiques et des danses
« aux cris mille fois répétés de vive la République, pé-
« rissent tous les tyrans. »

10 Thermidor, an VI. — (3 Août 1798.)

FÊTE DE LA LIBERTÉ.

Fête du 23 Thermidor, an VI. — (10 Août 1798.)

DISCOURS DU PRÉSIDENT.

« Citoyens nous avons célébrés, il y a quelques jours,
« l'anniversaire du double triomphe de la Liberté, sur

« les deux plus grands ennemies du bonheur de l'espèce
« humaine : la Royauté et l'annarchie, et qui voudraient
« aujourdhuy resusciter les jours d'effroi et de calamité,
« qui ont épouvantés la génération présente. Aucun
« francais ne le désire : au contraire, empressons nous
« de célébrer la fète de ce jour correspondant au dix
« aoust, jour mémorable ou le trône fut abbatut, ou la
« Royauté, ce principe fécond de nos maux fut anéantit,
« les trahisons du Monarque accélérèrent l'instant de sa
« propre chute : son trhone fut renversé et l'audacieuse
« Royauté n'existe plus, le corthège s'est remis en
« marche, et arrivé sur la place de la Liberté, la garde
« nationale a fait une évolution militaire pour former un
« demi-cercle, auprès de l'arbre chéri des français.

« Plusieurs citoyens ont fait des discours analogues à
« cette fète qui ont été couverts d'applaudissements
« notamment le président, et aux cris répétés de vive la
« République, vive la Liberté, périssent les tyrans.

« Des chansons patriotiques ont réjouis le cœur des
« citoyens. »

*10 Fruchdor, an **VI**.*

FÊTE DE LA VIEILLESSE.

Plusieurs vieillards respectables sont placés au milieu
du cortège.

*Fête du 18 Fructidor, an **VI**.*

*2 Pluviose, an **VII**. — (24 Janvier 1799.)*

Anniversaire de la punition du dernier roi oppresseur
des Français.

*30 Ventose, an **VII**. — (20 Août 1799.)*

FÊTE DE LA SOUVERAINNETÉ DU PEUPLE.

10 Germinal, an VII. — (29 Mai 1799.)
FÊTE DE LA JEUNESSE.

———

10 Floréal, an VII. — (21 Avril 1799.)
FÊTE DES EPOUX.

———

10 Prairial, an VII. — (29 Mai 1799.)
FÊTE DE LA RECONNAISSANCE.

———

20 Prairial. an VII. — (8 Juin 1799.)
Fête funèbre en l'honneur des plénipotentiaires français assassinés aux portes de Rastadt.

———

10 Messidor, an VII. — (28 juin 1799.)
FÊTE DE L'AGRICULTURE.

———

26 Messidor, an VII. — (14 juillet 1799.)
ANNIVERSAIRE DE LA FÊTE DU 14 JUILLET 1789.

———

1er Vendémiaire, an VII. — (23 septembre 1799.)
FÊTE DE LA RÉPUBLIQUE.

« Le Président ayant anoncé la fête à toute l'assemblée
« a dit citoyens c'est aujourdhuy que nons célébrons la
« fête de la République, jour à jamais mémorable, prin-
« cipe de notre génération politique, jour qui a donné
« naissance à la Liberté et à l'égalité. Ce jour si célèbre
« par le triomphe remporté sur le despotisme doit être
« marqué par des Réjouissances. par des élans de la joie

« la plus vive, faisons donc retentir nos chants d'alé-
« gresse, nos himes patriotiques.

« C'est de ce jour que le trône de la Liberté et de
« l'égalité s'est élevé sur les ruines de la tiranie ; sous
« l'empire de la Monarchie, Nous gémissions accablés
« sous le joux le plus dur et le plus odieux ; sous les
« lois de l'équité et de la raison, nous chantons les
« avantages et les biens faits du Gouvernement répu-
« blicain.

« Cette fête civique doit faire sur nos esprits la plus
« douce impression, la sensation la plus flatteuse hatons
« nous donc de célébrer cette auguste et respectable
« fête.

« Le cortège accompagné de jeunes citoyens et de
« jeunes citoyennes vêtues de blanc, cinturées de Ru-
« bans tricolores, tenant en leurs mains des branches de
« chêne, s'est rendu sur la place de la liberté, la garde
« nationale fait un demi cercle, les autorités constituées
« se placent au milieu avec les citoyens portant les
« emblèmes de la Liberté.

« Les jeunes citoyennes y sont également introduites.

« Cette scène attendrissante est accueillie avec les
« transports de l'allégresse, un immense concours de
« citoyens des deux sexes abandonne son cœur aux
« accens de la joie et de l'espérance et manifeste son
« ivresse par des cris de vive la République et la cons-
« titution de l'an trois, une décharge de mousqueterie
« se fait entendre.

« Le président donne ensuite lecture de la loy et de
« la circulaire de l'administration centrale du cinq fructi-
« dor dernier différents discours ont été faits par plu-
« sieurs citoyens et analogues a cête fête, qui ont été
« couverts d'applaudissements, notamment celuy d'un
« citoyen qui a dit : Et nous tous citoyens amis sincères
« de la Liberté, tenons nous en garde contre le roya-

« lisme qui s'agite en tous sens, tenons toujours les
« yeux ouverts sur cet ennemi si redoutable si souvent
« puni et jamais corrigé. armons nous d'une méfiance
« salutaire contre ses artifices. pénétrons ses secrets
« détours, arrachons le masque dont il se couvre, sur-
« tout repoussons avec horreur les semences de discorde
« qu'il répand avec une adresse si subtile, n'oublions
« jamais que notre union fait notre force que c'est par
« l'union que le succès doit couronner notre persévé-
« rance, Vive la République.

« La Garde nationale fait une seconde décharge de
« mousqueterie.

« Tous les citoyens et citoyennes ont répétée vive la
« République, vive la Constitution de l'an trois vive
« notre Gouvernement, vivent nos armées.

« Le président a ensuite prêté le serment de haine à
« la Royauté, à l'anarchie fidélité et attachement à la
« République à la constitution de l'an trois.

« Le même serment a été répété par les membres de
« l'administration, le commissaire. les autorités consti-
« tuées, par les fonctionnaires publics, les autres ci-
« toyens présents. Aussitôt tout le concours a crié vive
« la République périssent le Royalisme.

« La Garde nationale a fait une troisième décharge
« de mousqueterie. il a été chanté plusieurs himes pa-
« triotiques en l'honneur de cette fête et notamment une
« en l'honneur de l'invincible Buonaparte sur l'air du
« maréchal.

« Le cortège a repris sa marche toujours en chantant
« des himes patriotiques. au son des tambours, violon et
« autres instruments et s'est rendu au lieu des séances
« de l'administration. »

Fête du 18 Fructidor an VII. — (2 septembre 1799.

« Aujourdhuy dix huit fructidor an sept de la Répu-

« blique française un et indivisible, l'administration mu-
« nicipale réunie au lieu de ses séances, le commissaire
« du Directoire, les autorités constitués et fonctionnaire
« publique, heure de dix du matin, les citoyens compo-
« sant la garde nationale à l'effet de célébrer la fête du
« dix huit fructidor, jour célèbre ou la Liberté saillit fuire
« pour jamais le territoire de la République ou le gou-
« vernement d'une main sure et hardie s'empara des
« conspirateurs royaux et les comprima par sa vigilance
« quels jours de désastres et de terreurs ont précédés ce
« jour heureux, de tous côtés les émigrés, les prêtres
« fanatiques aloient impunément mettre le pied sur le
« territoire de la liberté, une stupéfaction générale s'é-
« toit emparé de tous les esprits et tous les françois
« semblaient être plongé dans un profond someil, le
« réveil eut été terrible sans doute et jamais vengeance
« n'eut approchée de celle que les scélérats auroient
« fait peser sur nous.

« Ils forgeoient dans l'ombre et des poignards et des
« fers tandis que d'un air piteux, ils sembloient déplorer
« leur malheur et montrer un repentire sincère.

« Heureusement le gouvernement veilloit et des laches
« gouverneurs qui avoient osé protégé les vampire furent
« punis de leur trahison.

« Hommage fut rendu à nos libérateurs puisse le
« souvenir de leur bienfait rester gravée dans nos
« cœurs.

« Le cortège s'est mis en marche pour se rendre sur
« la place de la liberté ou étant arrivé, la garde natio-
« nale après quelques évolutions militaires a formé une
« haye autour de l'arbre de la liberté et le président a
« fait lecture du bulletin des lois n" 302 et notamment de
« celle du 6 fructidor relative à l'emprunt forcée.

« Quelques discours ont été faits en l'honneur de la
« fête, les cris de vive la république, vive le gouver-

« nement ont terminé la fête, l'escorte s'est mis en
« marche pour se rendre au lieu des séances de l'admi-
« nistration ou le présent a été dressé. »

————

1ᵉʳ *Vendémiaire, an VIII.* — (23 Septembre 1799.)

FÊTE DE LA RÉPUBLIQUE.

« Aujourd'huy premier vendémiaire, an VIII de la
« République française une et indivisible à l'heure de
« dix du matin, l'administration municipale du canton de
« Lurcy-le-Sauvage, les authorités constituées, les fonc-
« tionnaires publics et les citoyens composant la garde
« nationale du canton se réunissent d   ? lieu des
« séances de la ditte administration municipale pour
« célébrer la fête de la fondation de la République,
« annoncé la veille et dans la matinée par des procla-
« mations, et au son de la caisse.

« Le président ayant de nouveau annoncé cette fête à
« toute l'assemblée a dit : Citoyens, c'est aujourd'huy
« que nous célébrons la fête de la République, jour à
« jamais mémorable, principe de notre génération poli-
« tique, jour qui a donné naissance à la Liberté et à
« l'Egalité, ce jour si célèbre par le triomphe remporté
« sur le despotisme doit être marqué par des réjouis-
« sances, par des élans de la joie la plus vive, faisons
« donc retentir nos champs d'allégresse, nos hymes
« patriotiques.

« C'est en ce jour que le trône de la Liberté et de
« l'Egalité s'est relevé sur les mines de la tirannie, sous
« l'ampire de la monarchie nous gémissions accablé sous
« le joug le plus dûre et le plus odieux, sous les lois de
« l'équité et de la raison, nous chantons les avantages et
« les biens faits du gouvernement républicain.

« Cête fête civique doit faire sur nos esprits la plus

« douce impression, la sensation la plus flateuse, hàtons-
« nous donc de célébrer avec pompe cète auguste et
« respectable fète.

« Le cortège s'est mis en marche et s'est rendu sur la
« place de la Liberté ou étant la Garde nationale a fait
« une décharge de mousqueterie, et ensuite le cortège
« s'est rendu au temple décadaire ou étant, le président
« de l'administration a rappellé au peuple l'Epoque glo-
« rieuse de notre révolution ou la République fut pro-
« clamée et ou la victoire vint se fixer sur nos drapeaux.

« Ensuite il a invité tous les républicains à abjurer la
« funeste division et à ne songé qu'à la patrie en péril.

« Le président a donné lecture de la proclamation du
« Directoire exécutif du dix sept fructidor dernier et de
« l'arrété du département du vingt sept du même mois
« du bulletin décadaire n° 36, du bulletin des lois n° 306,
« du bulletin n° 307 de la loy du 12 thermidor relative
« au serment civique.

« Ensuite le président a prononcé le serment prescrit
« par laditte loy :

« Je jure fidélité à la République, et à la constitution
« de l'an III, je jure de m'opposer de tout mon pouvoir
« au rétablissement de la Royauté en France et à celuy
« de toutes espèces de thyrannie.

« Lequel serment a été répété par toutes les authorités
« constituées, par les citoyens et par la Garde nationale.

« Le président de l'administration a proclamé les
« noms des citoyens conscrits qui ont obéis à la loy et a
« désigné les individus qui se sont soustrait, il a invité
« les parents de ces derniers à les faire partir, et les
« agens de l'authorité publique à donner main forte à la
« loy du 17 fructidor dernier et à cète effet a donne
« lecture de la circulaire du département du 26 fructidor
« dernier.

« Il a été fait différents discours en l'honneur de cette

« fête aux cris de : Vive la République, l'on a chanté
« plusieurs hymes patriotiques en l'honneur de cette fête.

« Le cortège est retourné au lieu des séances ou le
« présent a été dressé ou l'on a remarqué deux tableaux,
« l'un portant paix à l'homme juste, à l'observateur fidèle
« des lois et l'autre portant le nom des conscrits du
« canton parti pour les armées, et ceux qui ne sont point
« partie.

« Au pied de l'arbre de la Liberté ou le serment a été
« prêté par tous les fonctionnaires publics et le cortège
« s'est réuni. »

---

10 *Vendémiaire, an* **VIII**.

Fête funèbre en l'honneur du général Joubert, mort
sur le champ de bataille.

---

30 *Vendémiaire, an* **VIII**.

Fête en l'honneur des brillantes victoires remportées
par les armées, « pour surcroît de triomphes, Buonaparte
« écrit au Directoire qu'il a remporté des victoires
« éclatantes en Egypte et bientôt nous le verrons lui-
« même venir annoncer ses triomphes à travers les flottes
« combinées : quoi de plus hardi, cette audace guerrière
« nous présage de nouveaux triomphes. »

Les procès-verbaux des fêtes célébrées ultérieurement
n'ont aucun intérêt : on se borna à lire le bulletin
décadaire, les instructions concernant le recouvrement
de l'impôt, la liste des conscrits déserteurs.

Ces réunions eurent lieu les 10, 20, 30 brumaire,
nivôse, pluviôse, ventôse, germinal an VIII, le 1er vendémiaire an IX, pour fêter l'anniversaire de la fondation
de la République, le 20 germinal, an IX, à l'occasion de
la signature de la paix, on crie encore : Vive la Répu-

blique ! mais surtout : Vivent Bonaparte et nos armées !
Vivent les consuls !

Le 25 messidor an IX, eut lieu l'anniversaire du
14 juillet 1789. Ce fut la dernière fête ayant un caractère
purement civil, pendant laquelle retentirent encore des
cris de : Vive la République ! Celle qui suivit, 4 décembre 1808, fut célébrée à l'église avec messe et *Te Deum*
d'actions de grâces pour le sacre et le couronnement de
« notre Empereur Napoléon premier ».

TABLE

	Pages.
Renseignements sur la situation agricole, commerciale et industrielle du canton de Lurcy...............	7
Population du canton en 1789......................	12
Élections municipales du 7 Juin 1790................	13
Premières décisions du corps municipal.......'.....	14
Nomination des délégués du canton pour les élections des députés à la Convention......................	16
Notices biographiques sur les maires, agents, juges de paix, etc......	18
De Sinety, marquis de Lurcy......................	22
Disette, troubles, achats de grains.................	30
Le clergé du canton, fermeture des églises, leur mise en vente.................................	36
Garde nationale, armée, tirage au sort, réquisitions...	42
Le capitaine Maréchal Jean........................	47
Le chef de bataillon Lafond.......................	49
Écoles..	52
Fêtes nationales.............................	53